JN410135

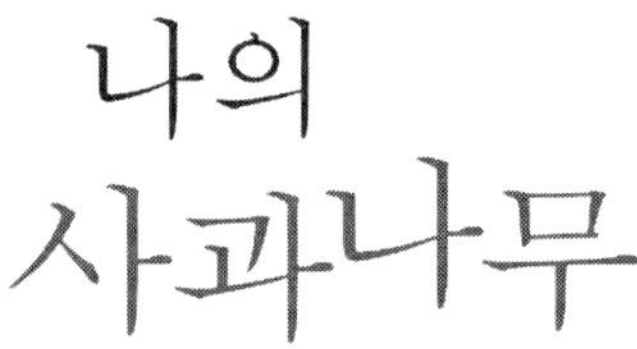

최옥자 수필집

| 책을 내며 |

호주로 이민을 와서 30여 년 가까이 문학회에 몸담고 수필을 가까이했습니다. 그간 3권의 수필집을 발간하고 나니 제 체험 수필의 모든 소재가 다 들어난 것 같아 수필 쓰기가 어려웠습니다. 수필이란 삶을 담는 그릇이요, 이를 비춰 놓은 거울이기에 제 체험으로 얻은 수필의 소재는 한계를 느낄 수밖에 없었습니다. 하지만 치유 받고 공허를 채우기엔 제겐 글만 한 것이 없기에 허물어지려는 자신을 글로 재구축해 봅니다.

글을 쓰는 자체가 제겐 일종의 구제행위라고나 할까요?

포기하지 않고 책을 내놓기까지 용기와 격려를 아끼지 않은 글무늬문학사랑회 회원들과 출판 동기를 부여해 준 시드니 문우들에게 감사드립니다.

부족하지만 그간 틈틈이 써 모은 시(詩)도 같이 곁들여 보았습니다.

문학 선(文學 船)에 문우들과 더불어 승선하여 항해를 하며 안주에서 벗어나고 싶다는 충동감을 느낍니다. 글로 공감하며 새로운 세계를 향한 마음이 설렙니다. 부끄럽지 않도록 더욱 정진하겠습니다.

앞으로 무슨 이야기를 또 쓸 것인가. 숙제로 남깁니다.

2021년 3월 저자 최옥자

최옥자 수필집

나의 사과나무

‣ 책 머리에

‣ 차 례

바람, 그 후

아버지와 질경이

나의 휴, 나의 락

허물벗기

바람, 그 후

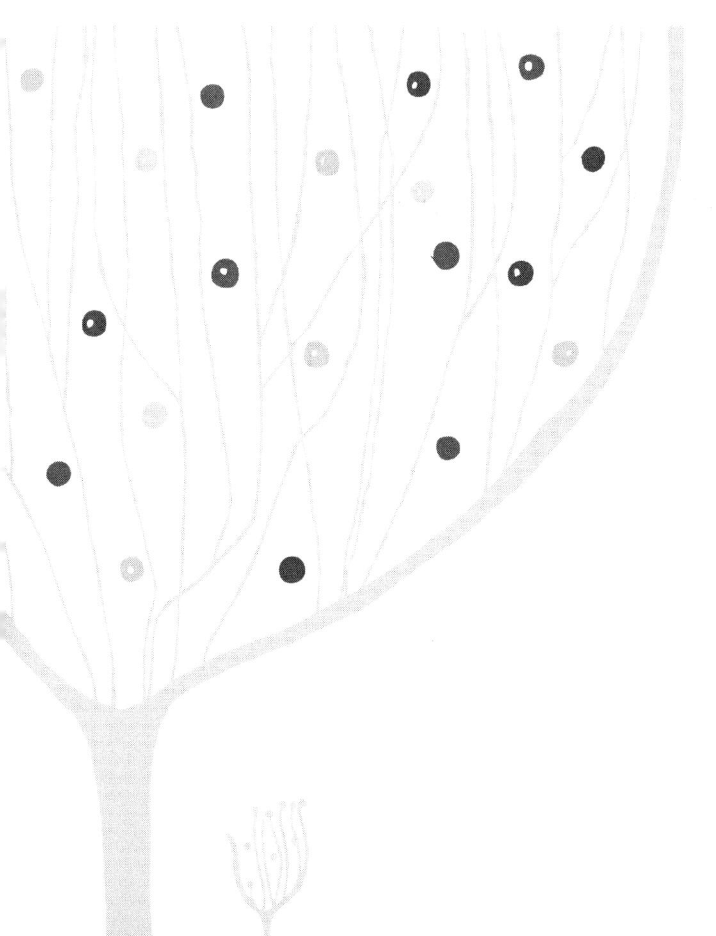

길 위에 바람은 불고

청량한 햇살과 소소한 가을바람이 내려앉은 체스우드 거리에는 쇼핑 나온 사람, 그리운 이를 만나려는 사람, 점심식사를 위해 인근 사무실에서 쏟아져 나온 사람들로 인파를 이룬다.

출렁거림과 상가가 즐비한 길 위에서 삶의 생동감을 진하게 느껴본다.

그 행렬에 묻혀 레스토랑에서 식사를 끝낸 우리는 카페에서 한 잔의 커피를 앞에 놓고 이야기꽃을 피운다. 원래 수다라는 것이 그렇듯 정해진 주제도 방향도 없이 그저 물 흐르듯, 바람 불 듯 생각나는 대로 자유롭다.

환갑이 넘은 권 여사에게 가수 이효리를 닮았다라든가, 고희를 넘긴 박 여사에게 분위기가 매력 있다는 등 남이 들으면 웃을지도 모를, 그러나 진지하게 서로의 모습에 칭찬을 아끼지 않다가 어느 대목에 가서는 이기적이라고 서로 상대방을 질타도 해본다. 우리의 관심은 문학으로 뛰어갔다가 이웃 이야기를 나누었다가

이곳저곳 돌아다니는 모양새가 영락없이 바람에 나부끼는 낙엽을 닮았다.

이야기는 요즘 노년기에 이슈가 되고 있는 성형수술의 하나인 쌍꺼풀 수술로 옮겨 갔다. 세월이 쌓임에 따라 눈두덩이가 처지니 외관상 보기 싫거니와 시력이 떨어지고 눈가가 짓물러 쌍꺼풀 수술은 노년의 공통된 관심사다.

신체발부 물훼물상(身體髮膚 勿毁勿傷)의 이념에 고정되어 부모님(창조주)이 주신 대로 사는 것을 고수하던 나도 쌍꺼풀 수술에 귀를 기울이게 되니 세상이 변함에 따라 나도 참 많이 변했다.

바람이 나서 집 나간 남편 대신 돈 벌어 애들 키우고 집까지 장만하느라 자기 한 몸 가꾸지 못하고 어두운 길을 걷던 한 여인이 사위가 해준 쌍꺼풀 수술이 아주 잘 되어 외모에 자신감을

얻었단다. 그 조그만 자신감이 작은 씨앗이 되어 그녀의 삶은 밝아지고 나갔던 남편은 가정으로 돌아오고….

어느 성형외과 의사가 쓴 자전적 글을 읽은 적이 있다. 역시 거기에도 바람 난 남편 이야기가 등장한다. 여인이 고민 끝에 코를 좀 높여보라는 관상가의 처방전을 받고 찾아와 의사가 코를 높여준 이야기다. 그 후 관상이 달라져 팔자를 고쳤는지, 그녀가 남편의 바람기를 잡았는지는 알 수 없다.

세상이 빠르게 변하고 있다. 시간 역시 빠르게 사라진다. 그러나 오늘은 그 모두와 상관없이 동류의 사람들, 문인들과 만나 대화를 통해 느긋한 평온감에 젖으며 마음이 풍성해진다. 가깝게는 인터넷, 스마트폰, 텔레비전 시청 등 많은 것을 누리고 살면서도 마음의 헛헛증이 가시지 않는 까닭이다. 일상사에 짓눌려 담담할 때 잠시 소원했던 이웃들을 불러내 부담 없이 만나 말(정감)을 나누는 것이 그래서 좋다.

그 만남이 오늘 같은 날엔 우리 삶에 시원한 바람을 불어넣고 있지 않는가.

크고 의미 있는 일만이 소중할까? 작고 사소한 일일망정 마음에 담아 하루하루를 정성스럽게 가꾸는 것이야말로 우리 마음을 지키는 닻이 되리라.

죠비 베일런드 하버드 의과대학 교수는 하버드 대학 2학년생 268명의 생애를 72년간 추적 조사해 하버드 공부벌레들의 인생 보고서 '행복의 조건'을 내놓았다.

수재들의 삶을 행복과 불행으로 갈라지게 한 요인이 무엇인지를 집중 분석했는데 결과는 의외로 그들의 운명을 좌우한 것은 타고난 재산이나 학벌, 명예가 아니라 바로 47세 무렵까지 형성한 인간관계가 이후 생애를 결정하는 변수였다고 한다.

행복은 인간관계에서 나온다는 말이다.

가끔 어깨를 짓누르는 듯한 삶의 무게가 힘겨울 때 혹은 답답하고 지루한 일상에서 잠시라도 벗어나고 싶을 때 기차를 타고 달리다 보면 차창 밖에 고즈넉이 서 있는 간이역에 내려보고 싶은 충동을 받는다. 가을 햇살이 한가롭게 내려앉은 길 위의 한 점.

오늘 문우들과의 만남은 쉼 없이 달리는 내 인생길 위의 어디쯤일까?

길 위에 가을바람이 불어 대고 있다.

나만의 공간

나만의 공간이 생겼다. 비어 있는 큰 방도 있지만 우리 집에서 제일 작은 방으로 쌀, 휴지, 물 등 생필품 보관 창고 역할을 했던 곳인데 나의 방으로 탈바꿈시킨 것이다. 나는 아침형, 그는 저녁형으로 같은 공간을 쓰기엔 불편한 부분이 있어서이기도 했겠지만 어쩌면 나만의 세계로 숨어들고 싶은 소치에서인지도 모르겠다.

그가 탐탁지 않게 여기는, 그간 소일거리로 만든 냅킨 아트 작품, 뜨개질 작품 그리고 화분을 그곳으로 끌어들이며 마음을 쏟았다. 붙박이 책장 안의 책들은 내 삶을 채워주고 변화를 꾀하고 평안을 주는 평원이 되어주었다. 일상생활에서 느껴지는 오감, 창을 통해 들어오는 달빛, 내 삶의 소리, 옛 추억 등을 시간과 버무려 나만의 이야기를 그 공간에서 만들어 가며 안주해 본다.

인천에서 태어나 유년시절을 보낸 내가 시골을 직접 체험한 것은 초등학교 1학년, 6.25동란 피난 시절 충청도 당진에서였다. 학교에 가려면 숲길을 걸어야 했다. 숲으로 깃드는 산새들의 날갯짓과 아름다운 노래, 초록빛이 싱그러운 나뭇잎들과 앙증맞은 야생화를 처음 대하며 가슴이 먹먹했었다. 가을 추수 후 탈곡을 끝낸 볏짚은 겨우 내내 다양한 용도로 쓰이기에 마당 한편에 높이 쌓인다. 햇볏짚은 반짝반짝 황금빛으로 빛났다. 볕을 받아 따스한 그곳에 등을 대고 앉으면 늦가을 차가운 바람도 비켜 지나고 짚더미는 구름 사이로 내려오는 햇빛을 받아 부드럽게 반짝이며 나를 보듬는 듯했다. 참 아늑했다.

숲길이나 짚더미 한편은 6.25동란으로 초래되는, 커다란 불안감과 타향에서 받는 낯설음을 희석시키는 나만의 은밀한 공간이 되어 주었으며 미지의 세계를 향한 꿈을 꾸게도 했다. 이 나이가 되어서도 나는 가끔 기억 속의 그곳을 찾아가곤 한다.

새로 꾸민 작은 방에서 만나는 추억 속엔 어머니가 항상 앉아 계신다. 때로 일가친척, 그리운 친구들이 앉아 있기도 하다. 내 품에서 성장한 자식들과의 추억이 광채를 낼 때도 있다. 꿈 많던 어린 시절, 방황하던 젊을 때가 되살아나기도 한다. 좁지만 추억의 추념과 사색의 깊이로 그래서 넓어진다. 이 모든 숨결이 하나 되어 오케스트라를 연주한다.

라이너 마리아 릴케(Rainer Maria Rilke)가 1910년도에 쓴, 죽음과 고독을 주제로 한 「말테의 수기」를 읽었다. 파리에서 암담한 세월을 기조로 한 작가 자신의 내면의 기록으로 줄거리가 없이 일기 형식의 단상, 편지, 추억과 비망록 같은 여러 개의 단편적 이야기로 쓰여 있다.

주인공 말테는 천애의 고아로 고향 덴마크를 떠나 파리로 간다. 그는 시인, 작가로 싸구려 하숙집에서 생활한다. 그의 눈에 비치는 것은 서글픈 인생의 이면과 패배한 자들의 모습이다. 무너진 집의 벽 그리고 병원, 장님 야채 장수, 여자 거지, 거리에서 본 기괴한 환자. 우유가게에서 만난 빈사 상태의 남자, 옆방에 사는 신경쇠약에 걸린 의학생 등등.

말테의 수기가 쓰인 시대의 유럽은 많은 것이 혼재된 혼란의 시기였다. 성의 혁명이 꿈틀거렸고 라이트 형제가 비행기를 만들었으며 밀려드는 새로운 문화에 접촉하면서 받아들이는 삶의 동화가 물결치던 시대였다. 유럽 각 나라의 인구가 급속하게 늘면서 사람들이 도시로 몰려들기 시작했다. 사람들은 질병과 가난과 굶주림으로 인한 생활을 견디지 못해 길바닥에서 또는 차 안에서 쓸쓸히 죽어갔다. 말테는 그 모든 것을 목격하고 하숙집에 돌아와 글을 썼다. 어떤 한 도시를 안다는 것은 사람들이 어떻게 일하고 어떻게 사랑하며 어떻게 죽는가를 알아보는 것일 게다. 그것들은 모두 말테에게 감상의 대상이 되는 세상의 풍경이었다.

창을 통해 가득 쏟아지는 달빛이 은은하다.

삶의 현장에서 보고 느낀 것을 하숙집에 돌아와 글로 빚어낸 말테는 그런 행위에서 대도시를 배경으로 자기 정체성을 찾고 자기 성찰을 했다. 이런 점에서 말테의 수기는 소외와 고독 그리고 존재의 불안을 극복하려는 시도로 읽혀진다.

나는 나만의 작은 이 공간을 말테가 머물던 하숙집과 동일시해 본다. 현재의 내 모습, 내 생각이 이곳에서 또한 내 성찰의 출발점이 되고 정체성을 유출할 수 있는 공간이 되기를 염원해 본다.

(2020년 6월 13일 시드니 저녁)

고독 속에서

풍경이 바람을 만나면
뎅~뎅~ 우는 것

조약돌이 따가운 햇살 만나
심심히 익어 가는 것

깜깜한 밤하늘
별똥별, 빛 되어 흐르는 것

구름을 인 바다
파도가 바위와 만나 철저히 부서지는 것

긴 시간
글 음악 영상으로 빚은 동영상
여기저기 보내는 것

흐르는 물은 다시 돌아오지 않고

흐르는 물은 다시 돌아오지 않고
떠도는 구름은 다시 볼 수 없네
늙은이의 머리 위에 내린 흰 눈은
봄바람 불어와도 녹지를 않네

「유수불부회(流水不復回)」라는 옛 시에 나오는, 한번쯤 생각해보게 되는 시 구절이다. 유수불부회는 '흐르는 물은 다시 돌아오지 않고'라는 의미를 지닌다. 금년 7년째 접어든 동양고전 읽기 공부반에서 그동안 『사자소학』, 『명심보감』, 『대학』, 『중용집주』, 『동몽선습』, 『

격몽요결』, 『주해 천자문』, 『논어집주』, 『맹자집주』 현재 풀어 쓴 『대학한문』에 이어서 『손자병법』 읽기를 이수했다. 『손자병법』을 이수하고 책거리로 가을 나들이 겸 고스포드로 향했다.

책거리는 일명 '책씻이'라고도 한다. 그 유래를 찾아보면 책 한 권의 공부가 끝나면 스승과 배움을 같이 하는 학우들에게 음식을 차려 대접하는 일로 학동의 학업정진을 도모하는 것 외에도 스승의 노고에 답례하는 뜻이 들어 있고 학우들과 함께 자축하는 뜻도 포함된다. 이때 준비하는 축하 음식으로 국수장국, 송편, 경단 등이 있는데 특히 송편은 깨나 팥·콩 등으로 만든 소를 꽉 채운다. 학문도 그렇게 꽉 채우라는 바람을 담았다. 오색 송편은 우주 만물을 형성하는 원기와 오행에 근거하여 오미자로 붉은색을 내고 치자로 노란색, 쑥으로 푸른색, 송기로는 갈색을 들여 빚어서 만물의 조화를 나타냈다고 하는데….

우리는 어떤 방법으로 책거리를 해야 할까 머리를 맞대고 의논하던 중 마침 『옥구슬 은구슬』 동시집을 펴낸 유성자 학우가 책거리 겸 자축차원으로 점심을 낸다 하여 고스포드에 있는 Leagues Club으로 향했다. 하늘은 청명하고 공기는 맑고 시원했다. 맑고 푸르른 하늘에 두둥실 떠가는 흰 구름을 비집고 얼굴을 활짝 내민 해님은 찬란한 빛 속에, 동행 23명인 우리가 둥글게 둥글게 하나됨을 담는다.

유유한 바다와 검푸른 숲으로 아름다운, 꼬불길을 달리는 전철에 앉아서 한가롭게 정겨운 담소를 나눈다. 나는 젊은 날의 꿈과 갈망을 안고 찾았던 의암댐의 그리운 옛길, 등선폭포 입구의 돌집, 경강대교 등 경춘가도 옆으로 펼쳐지는 북한강 풍경을 그곳에서 만난다.

북한강을 따라 이어져 있는 경춘가도는 때론 삶의 타래로 옥죄어진 마음을 풀어내던 내 젊은 날 찾던 길이기도 하다. 젊은 날의 갈망이 내게도 있었다. 진리의 추구이든, 행복에 관한 것이든, 절대적인 사고가 결여된 뜬구름이었든, 갈망은 나를 방황하게 하였다. 내 생존 공간이 내 집 울타리 안이 전부였을 때, 또 내 좁은 사고 안에 잡혀 있을 때의 일이다.

인생 100세 시대라 하며 인생 80을 만발한 꽃으로 비유한 건강잡지에서는 걷고, 배우고, 즐기고, 웃으며, 자연, 친구, 책, 컴퓨터를 가까이하라고 권하고 있다. 2남 1녀인 아이들도 다 둥지를 떠나 어쩌면 가을걷이가 끝난 늦가을의 벌판처럼 썰렁할지도 모를 마음밭에 피울 꽃을 위해 이 지침의 씨앗을 뿌리며, 이젠 빛과 그림자로 얼룩진 삶에서 놓여나 자유로움과 평안함을 느낀다. 가정을 이끌어야 하는 책임감에서 해방되어 나만의 삶을 가꾸어도 되는 이 순간이 참으로 소중하다.

선현들의 지혜를 되새겨 보자는 의도로 시작된 동양고전읽기반 학우들은 거의 고희(古稀) 또는 팔순(八旬)을 넘기신 분들이다. 배움엔 정해진 나이가 없다는 말에 위로를 받으며 매주 월요일 둔해진 발걸음으로 배움의 장을 향한다. 그 내공이 내 노년의 삶을 성숙하게 이끌어 가기를 소원하며 동행하는 이 발걸음이 감사하다.

돌아오는 길, 병상에 있어서 오늘 가을 나들이에 함께하지 못한, 연세 80을 훌쩍 넘겼으나 열정과 멋은 누구에게도 뒤지지 않는 김현주 학우 댁에 들러 위로 기도를 드렸다.

봄은 오고 가고 하건만
늙음은 한 번 오면 갈 줄을 모르네
봄이 오면 풀은 절로 나건만
젊음은 붙들어도 달아나네

「유수불부회(流水不復回)」에 나오는 시 구절이다.

(2019년 5월 3일 시드니 저널)

징검다리 되었으면

인고의 세월 속에
따가운 볕에 익어
울긋불긋 피어나는 꽃

믿음직한 사랑
믿는 마음
꽃말로 표현되는
과꽃 한아름 안은 그녀
그 꽃을 닮았네

진보라
진자주
연핑크

연보라

빛과 향취
탁한 마음 씻어 내고
순수를 담아
하늘로 오른다

이 순수
비나리 되어
우리 안에 하나 되는
징검다리 되었으면

페스트와 코로나

알베르 카뮈의 『페스트』(La Peste 1947)는 페스트의 창궐로 봉쇄된, 프랑스령 알제리의 오랑시 실상을 생생하게 그려낸 소설이다. 도시를 장악한 전염병과 극한의 절망 그리고 그에 저항하는 희망, 그에 대응하는 인간의 본성을 그려내며 이 모든 투쟁은 행복과 사랑을 위한 것이라고 결론짓고 있다.

페스트 감염자와 사망자가 폭증하자 비상사태가 선포되고 도시는 봉쇄된다. 모두가 독 안에 든 쥐가 된다.

폐쇄기간이 길어지자 생이별로 사람들은 애를 태운다. 갇힌 생활을 감안하면, 이 소설에 '수인들'이라는 제목을 붙이려 했다는 일화에 고개가 끄덕여진다. 일단 의사의 진단이 내려지면 환자는 강제 입원 되고 강제 격리된다. 경찰이 출동하여 무력으로 환자를 탈취하는 일도 벌어진다. 도시는 구급차의 요란한 사이렌 소리, 화장터에서 내뿜는 연기, 도시의 관문(關門)에서 들리는 총성 등이 뒤엉키는 생지옥이다. 식량 보급 제한, 휘발유 배급, 등화관제 등등. 화장터의 화덕에는 연일 불이 꺼지지 않았다. 불안감은 시민들의 가슴속에서 불꽃이 되었고 급진적으로 확산되며 회색빛 시가를 채웠다.

소설에서는 이 재앙에 대응하는 방법을 세 가지로 요약 제시한다.

첫째, 도피적 - 기자 랑베르의 태도로 애인이 기다리고 있는 고장으로 행복을 찾아 돌아가기 위해 이 도시를 벗어날 수 있는 길을 백방으로 모색한다.

둘째, 초월적 - 파늘루 신부가 설교를 통해 이 재앙은 사악한 인간들에 대한 신의 징벌이다. 그리고 아무리 잔인한 시련이라도 유익할 것이라고 역설한다. 전통적인 기독교적 입장이다.

거대한 곳간 속에서 재앙을 통해 짚과 낟알을 가리기 위해 인류라는 밀을 타작할 것이라고 하여 사악한 사람들을 떨게 했다.

셋째, 반항 – 파늘루 신부의 설교에 대한 비판과 관련이 있다. 유신론적 해석을 반박하면서 우선 치료부터 하는 것이 옳다고 주장한다. 이 경우 치료를 곧 '반항'이라고 한다. 이러한 질서를 창조한 신만 쳐다볼 것이 아니라 있는 힘을 다해서 싸우는 것이 합당한 일이라는 입장을 취한다. 소설은 '반항적 도전'을 통한 역병 퇴치에 초점을 맞추고 있다. 여기서 페스트는 전쟁이나 부조리한 세상을 가리킨다는 주장도 있다.

이윽고 페스트가 물러가자 사람들은 웃으며 거리로 쏟아져 나왔다. 덧문을 열고 안도감 속에 고통으로 밀폐된 곳에서 뛰쳐나왔다. 그러나 페스트로 사람들의 마음속에 남겨진 그 흔적까지 지우지는 못했다. 새 생활이 시작된다고 하나 아직도 어둠이 남아 있었다. 사람들은 사실 자신들의 고정관념에 사로잡혀 있었던 것이다. 자녀를 잃고 모든 기쁨을 잃어버린 어머니들, 배우자들, 애인들에게 페스트는 여전히 계속되고 있었다. 누구나 제각기 자신 속에 페스트를 지니고 있는 것은 세상에 그 누구도 그 피해를 입지 않는 사람이 없기 때문이다.

행복을 찾아 도피하고자 한 랑베르는 막상 오랑을 떠날 수 있게 되었을 때 떠나지 않겠다고 결심한다. 혼자만 행복하다는 것은 부끄러운 일이라고 생각했기 때문이다. 이 사건은 모두에게 관련된 것으로 나와는 상관없는 일이라고 회피하는 것은 무의미하다는 사실을 깨닫는 말이다. 세상은 각자에게 맡겨진 직분을 성실히 완수하는 소시민들의 분투에 의해 개선된다는 것이 작가의 의식이다.

페스트는 코로나 확산과 그에 대응하는 양상, 그에 따른 고통과 너무 흡사하여 감동과 교훈을 생생하게 전해주었다. 국가간 봉쇄로 해외에 나갔던 이들이 속속 서둘러 귀국하고 호주 내에서도 주간 왕래 통제를 염려해 시드니 귀가를 서둘렀다. 호주로 유학 온 자녀들이 방학 중 한국 방문을 할 수 없게 되고 부모가 자녀들을 만나러 올 수도 없게 되었다. '금년 12월에나 통제가 풀리지 않을까?'라는 추측 가운데 코로나 2차 대유행 재확산 조짐에 2차 봉쇄령 카드를 꺼낸 지역도 있다는 소식이 들린다. 전 세계는 새로운 위험한 단계에 들어섰다고 경고한다.

나의 정곡을 찌르는 마지막 말은.

"페스트 환자가 되는 것은 피곤한 일이지만, 페스트 환자가 되지 않으려는 것은 더욱 피곤한 일이에요. 그래서 모든 사람들이 피곤해 보이는 거예요. 오늘날에는 누구나 어느 정도는 페스트 환자예요."(알베르 카뮈, 『페스트』)

또 다른 페스트(코로나)의 현실 속에서 불안으로만 떨지 말고, 페스트가 그랬듯이 코로나도 극복될 것이라는 확신 속에 나는 마음의 근력을 단단히 쌓는다.

(2020년 7월 28일 Top 신문)

자카란다 꽃잎은 떨어지고

허공을 보라색으로 물들이던 자카란다 꽃잎이 떨어진 푸른 잔디 위는 보랏빛 카펫을 깐 듯 포근하고 아름답다. 그 아름다움이 다칠세라 한 발자국 내딛기가 어렵다. 강물이 흐르듯 유유하게 느껴지던 세월이 이젠 바람이 스치듯 빠르다.

저녁노을이 아름답다. 노을을 향하는 발걸음에 무상함이 밟힌다.

인생의 완성은 죽음이다. 삶이 어떤 유형으로 완성되어야 한다는 일정한 공식이 없듯 어떤 죽음의 유형이

바르냐, 않느냐의 정설이 따로 있을 수 없는 이들이 있으니 그들이 바로 양로원에서 인생 낙조를 맞이하는 노인들이 아닐까?

머지않아 종점을 향한 나그네임을 의식하는지, 못하는지. 울타리 안에 갇히어 가뭇없는 시선을 허공에 던진 채 그들은 하루하루를 망연히 보내고 있다. 어떤 꿈들을 피었다 스러지는 것일까? 그들을 바라보는 마음에 속절없음이 사무친다.

금년 100세 되시는 시고모부님이 지병을 좀 더 편히 다스리고자 양로원으로 들어가셨다는 소식을 듣고 린필드에 소재한 양로원을 찾았다. 고모부님은 활짝 웃는 모습으로 손을 잡고 반겨주셨다. 입원한 처음엔 집으로 돌아가기를 원하셨다는 소식을 듣고 심란했었는데 편안한 모습을 뵈니 좀 안심이 되었다.

아침이 되면 샤워를 시켜주고 삼시 세끼 식사와 오전 오후 티타임 그리고 빨래까지 해주고 운동하기, 약 등 건강까지 챙겨주니 어느 누가 나를 위해 이렇게 해주겠는가. 음식도 훌륭하고 다 잘 맞는다 하며 감사하다고 하시어 다행이었다.

현실을 받아들이는 시고모부님의 현명하심에 마음이 울컥했다. 준비해 간 꽃을 정리하여 꽃병에 꽂아 옷장 위에 놓았다. 그리고 손을 맞잡고 "주님의 손으로 일으켜 주시고 주님의 팔로 감싸 주시며 주님의 힘으로 굳세게 하시어 더욱 힘차게 살아가게 하소서.” 기도를 드렸다.

무더운 창밖과는 달리 적당히 서늘한 큰 홀에는 기력이 쇠잔하여 한 몸 가누기도 힘겨운 노인네들이 의자에 몽롱히 앉아 있거나 누워 있다. 텔레비전은 켜 있으나 그들에게 얼마나 즐거움과 위로를 줄 수 있을 것인가. 시간을 내 것으로 만들려는 의지가 결여된, 세상사의 소음이 사라진 그곳엔 그저 세월만 유유히 흐르는 듯 보였다.

나는 그들이 아기로 태어나 젊은 날 집을 떠나 열심히 살다가 노년에 다시 천진한 아기가 되어 태어난 곳으로 찾아가는 여정에 올랐음을 본다.

얼마 전에 받은 카톡 내용이다.

2세 때는 똥오줌을 가리는 게 자랑거리, 3세 때는 이가 나는 게 자랑거리. 12세 때는 친구들이 있다는 게 자랑거리, 18세 때는 자동차를 운전할 수 있다는 게 자랑거리, 20세 때는 섹스를 할 수 있다는 게 자랑거리, 35세 때는 돈이 많은 게 자랑거리. 그런데 60세부터는 그 자랑거리가 거꾸로 된다는 것이다.

60세 때는 돈이 많은 게 자랑거리, 65세 때는 섹스를 할 수 있다는 게 자랑거리. 70세 때는 자동차를 운전할 수 있다는 게 자랑거리, 75세 때는 만날 친구들이 있다는 게 자랑거리, 80세 때는 이가 남아 있다는 게 자랑거리. 85세 때는 똥오줌을 가릴 수 있다는 게 자랑거리라는 내용이다.

인생 경로, 태어나 인생의 봄, 여름, 가을, 겨울을 두루 섭렵, 열심히 오르며 살다가 이젠 거꾸로 내려오며 결국엔 남의 도움으로만 움직일 수밖에 없는 아기가 되어 있는 것이다. 누구나 저마다의 빛과 그림자를 경험하며 살아가기 마련이다. 이제 내 인생 낙조의 시점에서 그들을 바라보며 나도 빛과 그림자로 쌓아 놓은 나만의 성에서 탈피하여 하루하루를 감사하는 마음으로, 욕심 부리지 말고 최선을 다하고 살자 그리고 남은 생을 열심히 이웃을 사랑하며 매사에 충실하게 살며 삶을 마감해야겠다는 생각이 밀려든다.

해는 지고 자카란다의 꽃잎이 떨어져 내리고 있다.

자카란다의 고고함과 영속성이 복잡하고 어려운 인간사에 대한 초연함을 안겨 준다. 마음을 쉬게 하고 정화시켜 준다. 문학사라고 나를 인정해주고 아껴주시던 시고모부님! 다음 방문 때는 고모부님이 좋아하시는 막걸리를 사 가지고 가 건배를 올리며 병상생활이 보다 평안하심을 기원해 보련다.

(2018년 12월 14일 Top신문)

영구주택에 다녀와서

인생 마지막 행로지(묘지)를 우리 부부는 '영구주택'이라고 부른다. 인간이 태어나 노병(늙고 병듦)을 겪고 이승을 하직하며 마지막 찾아 영면하는 곳이니 영구주택이라고 칭해도 손색이 없으리라.

금년 2월에 우리 부부 출판기념회(저서, 『분단에서 통일로』 조재극 저. 『사랑을 나누는 사람들』 최옥자 저)를 가지며 한국, 시드니에 흩어져 살고 있는 2남 1녀, 며느리, 사위, 손자 등 온 가족이 모처럼 한자리에 다 모였다. 남편이 팔순이고 결혼 50주년 기념 해이니 뜻이 깊었다.

남편은 6·25동란 중 이북에서 홀로 내려와 고생 중에 가정을 이루고 이 나이에 이르니 감회가 남달라 보인다. 그러길래 출판 기념회를 하자는데 동의하고 주저하던 책 출판을 서둘렀다. 가족이 한자리에 모이는 것이 흔치 않는 기회라 행사를 끝내고 우리의 마지막 행로지인, 캐슬부륵에 마련한 영구주택으로 향했다. 언젠가는 겪어야 할 일이니 이런 기회에 자식들이 알아둠이 좋을 듯싶었기 때문이다.

그날, 26년 만의 추위라던 시드니의 쌀쌀하던 기온이 한결 누그러진 오후에 어디 좀 가보지 않겠느냐고 남편이 의향을 물어왔을 때, 잡다한 생각이 잘 정리되지 않고 집중이 안 돼 답답하던 터라 귀가 솔깃했다.

"어디?" 하고 물으니 우리가 영원히 살 집이라고 한다.

그렇잖아도 둘만 남아 썰렁한 집과 이제 정원 관리도 버거워 일전에 작은 집으로 옮겨보면 어떻겠는가 하고 말을 꺼냈기에 그 말이 신선하게 다가왔다.

드라이브 길의 봄빛은 겨울빛과 확연히 달랐다. 흐드러진 꽃들과 푸르른 나무들로 화사했다. 그러나 영원히 살집이란 캐슬부륵가든(Castlebrook Garden)에 들어서며 죽어서 들어갈 곳임을 뒤늦게 알아차렸다. 막역한 이웃이 갑자기 별세했다. 그 충격이 남편으로 하여금 사후 준비를 서두르게 하였는가? 허무한 충격은 내게도 컸었다.

나는 본래 마지막 행로로 수목장을 선호했었다. 사람이 죽으면 흙으로 돌아간다는 자연의 순리를 따르고 나무의 성장에 이바지하니 어찌 아니 좋은가.

수목장의 나무를 영생목(永生木)이라 하여 앞으로 많은 사람들이 선호할 것으로 생각된다.

캐슬부룩 가든엔 가든이란 낱말이 무색하지 않게 수목이 아름답게 어우러져 있었다. 잠시 쉬어갈 수 있는 벤치도 보였다. 아름답게 조성된 많은 형태의 묘지들이 눈길을 끌었다. 아는 분들의 묘지를 찾아 고인의 명복을 기원드렸다. 잠시 가든을 둘러본 후, 그중 높은 곳에 위치해 전망이 트이고 흰 구름과 밝은 햇살이 평화스럽게 감싸는 듯한 카톨릭 묘원을 선택한 남편의 의견을 존중해 그곳을 영구주택으로 선정하는데 서슴지 않았다.

본래 인간은 건강하게 125년 이상 살아갈 수 있는 신체적 구조를 갖고 있다고 하며 한계 수명인 125년을 살지 못하는 가장 커다란 원인 중 하나는 잘못된 건강관이라고 한다. 그렇다면 생로병사를 피해 갈 수는 없으나 노병(老病)을 어느 정도 관리함으로써 수명과 삶을 변화시킬 수 있다고 생각해도 되는 것인가?

어떤 이는 삶의 결정체로 묘비 문이 나올 수 있고 어떤 이는 미리 묘비문을 정해 놓고 그것을 지켜나가려는 사람도 있다.

영국의 극작가이자 소설가로 노벨문학상을 수상한 버나드 쇼의 '우물쭈물하다 내 이렇게 될 줄 알았다'라는 유명한 묘비문은 우리들에게 많은 생각을 던져준다.

자신의 건강 유지와 함께 주변 사람들과의 화목한 만남과 배려에 힘쓰며 묵묵히 마지막까지 나의 길을 걸을 수만 있다면….

커피 한 잔을 타 들고 테라스에 앉았다. 어두움이 내리며 밤하늘에 별들이 하나둘 반짝인다. 영구주택을 다녀와서인지 앞으로 마무리해야 할 일과 버려야 할 것이 무엇인가를 깊이 생각해보게 된다.

테니슨의 「백조의 노래」 시 한 구절을 읊어본다.

해는 지고 저녁별 반짝이는데
날 부르는 맑은 음성 들려오누나
나 바다 향해 머나먼 길 떠날 적에는
속세의 신음소리 없길 바라네
내 배의 닻을 올릴 때
이별의 슬픔일랑 없길 바라네

노자의 『도덕경』을 읽고

중국 고대의 철학자이며 도가의 창시자인 노자(기원전 500년경)의 『도덕경』을 읽었다. 심오한 내용 파악이 쉽지 않았으나 어둔한 머리에 불을 켜고 도가의 세계에 젖어들며 코로나19로 갇힌 심신의 어둠을 밝혀 보았다. 코로나가 아니더라도 사람은 어차피 각자의 고독한 방 속에 유적하는 존재가 아니던가?

『도덕경』은 총 81장으로, 상편 37장의 내용을 「도경(道經)」, 하편 44장의 내용을 「덕경(德經)」이라고 구분 짓고 있다. 도가 사상은 어떤 한 사람에 의하여 창설된 것이 아니고 중국인들의 철학에 바탕을 두고 오랜 기간 많은 변형 과정을 거쳐 지금과 같은 형태로 고정되었다고 한다.

노자는 현실적인 차원을 넘어선 '도'라는 절대적인 원리를 추구하면서 현실 사회가 어지러운 것은 사람들이 불완전한 자기의 이성을 바탕으로 하여 그릇된 자기중심의 판단 아래 행동하기 때문이라고 들려준다. 상대적이고 일시적인 가치를 추구하는 사람들은 때문에 개인적으로 불행하고 혼란과 분쟁을 초래한다. 노자는 절대적인 원리로써의 도의 추구, 인간 이성의 한계성에 대한 각성에서 무(無)의 사상과 자연의 사상을 발전시킨다. 이것을 인간에 적용하여 무위(無爲), 무지(無知), 무욕(無慾), 무아(無我)들의 개념을 발전시켜 인위적이고 의식적인 모든 것으로부터 완전히 벗어난 상태가 '자연'이라고 한다. 자연이란 스스로 그러한 것, 저절로 그러한 것을 의미한다.

사회적 구속으로부터 완전히 해방된 상태를 뜻한다. 도가 사상은 사람들이 뜻대로 되지 않을 때 현실을 초극하고 자연 속에 어울려 유유히 살아갈 수 있는 지혜라고 알려준다. 도에는 미묘한 정치론이나 인생론과 병법까지도 언급한다. 이 깨우침은 현대세계가 복잡하고 현란해질수록 더욱 인간의 예지가 담긴 위대한 저술로서의 가치를 지니게 되는 것이 아닌가.

나라를 인위적으로는 다스려지지 않음을 이야기한다.

세상의 모든 사물이란 변화하고 상대적인 양상을 드러내고 있는 것이니 욕심이 없고 검소하고 소박하며 겸손해야 함을 설파한다. 노자가 말하는 도는 우주와 만물의 근원이 되는 것이며 우주와 만물이 존재하고 변화하는 섭리가 되는 것이다. 『도덕경』은 내게 여유 있게 욕심내지 않고 느긋하게 살아갈 것을 권한다. 도덕경을 읽으며 느낀 것은, 결코 노자의 사상이 현실을 도피한 무위자연, 소극주의(행위를 하지 않음으로써 악을 피하는 주의) 혹은 은둔의 이미지가 아니라는 것이다. 『도덕경』은 인간과 사회, 그리고 우주에 이르기까지의 근본과 원칙을 일관되게 구하고, 가장 치열한 통찰의 사유를 함유하라는 것. 무위자연의 양태 속에서 터득한 어떠한 인간의 품성이나 본성을 잘 갈고 닦아서 결국은 도리어 가장 치열한 우리 인간의 삶에 구체적이며 실제적으로 행동과 삶이 행해져야 할 것을 주장하는 고전이다.

부자연과 반자연이 만연하고 탐욕과 인위, 기교, 과시, 기만이 팽배해지고 있는 현시대에 가장 필요한 사상이 바로 노자의 『도덕경』이라고 설파한다.

『도덕경』의 사상은 한마디로 무위자연(無爲自然)*의 사상이라고 할 수 있다.

무위란 '아무것도 하지 않는 것'이 아니고 사람들로 하여금 자연에 순응하게 하고 그러면서 사물의 객관 규율을 돕는 것이라고 한다. 결국 『도덕경』의 사상은 모든 거짓됨과 인위적인 것에서 벗어나려는 사상이다. 좋다·나쁘다, 크다·작다, 높다·낮다 등의 판단들은 인간들이 인위적으로 비교하여 만들어낸 상대적 개념이며, 이런 개념들로는 도(道)를 밝혀낼 수 없다는 것이다. 『도덕경』의 사상은 학문적인 진리 탐구의 대상이 되기도 하였지만, 위·진, 남북조시대처럼 사회가 혼란과 역경에 빠져 있을 때는 사람들에게 새로운 삶의 지혜를 밝혀 주는 수양서로써도 받아들여졌다. 민간 신앙과 융합되면서는 피지배 계급에게 호소력을 지닌 사상 및 세계관의 기능을 수행하였다.

『도덕경』의 기본 흐름은 일찍부터 도교신앙과 접합되어 오면서 민중의식 속에 깊이 뿌리 박혀 기층의 민간에 많은 영향력을 행사하였다. 복잡하고 바로 앞일도 예상하지 못하고 사는 현대인의 비애를 생각하며 이상과 같이 책 내용을 발췌, 요약하여 전해본다. 독서로 아름아름해진 눈을 들어 하늘을 바라보니 이끼 낀

기와지붕 너머로 설핏 해가 기울고 구름을 인 하늘은 황혼빛으로 물들어 가고 있다.

*무위자연(無爲自然): 바르게 살라는 뜻. 자연은 특정한 것을 위하지 않고 모두에게 똑같이 주지만 각자에 그릇만큼 받은 것이니 하늘이나 부모나 남을 탓하지 말고 현실에 만족하며 살고 반드시 인간답게 살라는 뜻이다.

(2020년 11월 19일 Top신문)

주름

화장을 지우려고
거울 앞에 앉았다
주름이 마주한다

주름 안에 숨어 있는
어머니
아이들
남편

폭풍우와 거센 파도
햇빛과 쉰 땀이

골마다 배어

닮아가는 우리 가족

긴 세월
한 지붕 아래
토닥토닥 만난 숨결

바람, 그 후

욕정에 눈이 먼 미투 사건으로 본인의 인격이 추락하고 가정이 파괴되고 사회적으로 매장되는 사건을 바라볼 때마다 나는 그 그늘에서 받은 상처, 수치심에 눈물을 흘리고 배신감에 치를 떨 아낙네들, 그리고 그 자식들이 가질 혼돈과 실망감을 생각해 보게 된다.

일전에 후배 남편의 '바람둥이' 이야기와 그에 대응할 복수에 대해 공감차원에서 「바람이 분다」라는 제하의 글로 발표한 적이 있는데 그 글을 읽은 관심 있는 독자들로부터 조언의 글을 받았다.

'그건 이혼감이다. 바람둥이 남편한테 속아 산 것만도 서러운데 뭐 그리 매달려(데리고?) 사느냐.' 이는 '똑' 소리가 나게 똑똑하고 다소 이기적인 H여사의 조언이다. 받은 분(憤) 대로 하면 당장 실천해야 할 속이 후련한 얘기다.

그러나 비록 바람을 피워 상처를 주었어도 가정 중심의 남편이라면 이미 지나간 과거사이기에 참는 것이 현명한 판단이라고 생각한다. 복수는 한 심신의 악재만 다가올 염려가 있는 것으로, 이 답변을 주는 것은 이율곡의 저서인『율곡전서』중 27권째 격몽요결(인격 도야를 위한 전서) 책자 내용이 기억나기 때문이다. 공자의 제자 자장이 외유하기에 앞서 묻기를 몸을 닦는 요점을 한마디로 말씀해 주십시오 했더니, 공자왈 "백 가지 모든 행동의 근본은 참는 것이 제일이니라." 하면서 부분별 사유를 들어 설명해 주었다. 한마디로 남편에게 크게 화풀이를 했다면, 이것이 내 삶의 운명인가보다 하고 참는 것이 지혜로운 방안인 것 같다. 그러면 고마움과 미안함을 느낀 남편으로부터 더 많은 사랑을 받고 행복한 가정으로 회복되지 않을까 생각한다.

이는 인생 지고지난을 다 겪은, 연세 드신 시몬 선생님에게서 받은 조언이다.

부부란 별같이 많은 사람 중에 서로 선택하여 맺은 인연으로 반쪽들이 만나 온전한 한몸을 이룬 인격체다. 함께 늙고 늙어 죽어서도 같은 묘지에 묻히는 게 정상인데 사노라면 정상으로만 움직이지 않는 게 인생인 거다. 결혼 전까지는 각자 제대로 자랐기에 때로는 못마땅한 불만이 어찌 없으랴마는 그래도 그때마다 서로 조율하여 맞추어 가는 게 부부가 아닐까? 그러나 이런 말은 '바람'이라는 사실을 몰랐을 때의 이야기다. 과속시대, 과민시대에 살고 있는 현대인들은 조급하고 가볍고 참을성 없고 포용성이 부족하고, 극도의 이기주의, 강한 개성, 서로 상대의 탓으로 돌려 유사시엔 부부가 갈라서기를 예사로 하기도 한다.

미풍에 실려, 글 「바람이 분다」의 주인공인 그녀의 소식을 다소 듣기는 하나 근황이 궁금하고, 그간의 회포도 풀 겸 봄날같이 햇볕이 화사한 어느 날 오후, 나는 그녀를 캠씨에 소재한 너서리(Flower Power)카페로 불러냈다. 마침 코로나19 사태로 통제되었던 외출이나 만남이 다소 풀려서인가? 야외에 듬성듬성 놓여 있는 탁자엔 답답함을 해소하러 나왔는지 사람들로 붐비고 있었다. 살랑대는 바람과 요소요소에서 꽃 향과 아름다움을 뽐어내는 꽃들과 어우러진 그녀는 이제는 안정되고 다소 편안해진 모습이었다. 어찌 번민이 없었을까? 눈물로 밤을 새운 날이 얼마나 많았던가. 그녀의 남편은 잘못했다고, 이제 남은 세월 알콩달콩 살아보자고, 손 마주잡고 의지하자고, 앞으로 잘해주겠다고 했단다. 막상 배신감에 헤어진다고 생각해 보니 마음이 그만큼 악해야 하고 미운 마음을 남은 평생 지녀야 하는 심신의 악재가 염려되어 이혼도 못 할 짓이었다고 한다. 짝을 찾던 끝에 맺은 부부 아닌가. 아들 낳고 딸 낳고 고락, 애환을 함께하며 정든 사이, 그리 모질게 자식들 앞에 어찌 죄를 범하랴. 한때의 과오를 참지 못해 더 없는 원수로 갈라선다고 생각하니 그도 못 할 짓이었다고 한다. 헤어져 만신창이 된 한 인생이 남은 앞날 어이 살꼬? 비록 새 짝을 만난들(나이가 많아 그것도 어렵고 또 누구를 믿을 것인가.) 그 모진 딱지 떼어질까? 자식에 끼칠 상처는 어쩔 것인가. 궁리 끝에 그냥 그 자리에 안주할까 생각했단다.

신경질, 잔소리 많은 남편이지만 의리심, 진실성, 신뢰를 믿고 살았으나 이젠 슬프게도 그 세 가지를 마음속에서 잃었다. 그러나 신경질, 잔소리는 잡은 것 같은데 글쎄… 그녀는 배시시 웃음 짓는다.

(2020년 8월 7일 Top신문)

나의 사과나무

재수 없으면 앞으로 200세를 산다는 글을 인터넷에서 읽었다. 유전자를 바꿈으로 사람의 근간을 모두 바꿀 수 있다고 한다. 유전자를 제조하는 기계를 만들어 본인에게 맞는 유전자를 넣어주고 나쁜 유전자는 뺀다고 한다. 원하는 부위의 DNA를 정교하게 잘라내는 생명공학의 유전자 편집 기술이다. 앞으로 2050년이 되면 일부 사람들이 이미 죽지 않는 존재가 되어 있을 것이라고 말하는 사람도 있다.

지금 내 나이 70중반을 넘어섰는데 200세 기준과

옛 장수 기준으로 섞어 기준하면 40대인 셈이다. 왠지 모르게 젊은 기운이 부쩍 살아나는 것 같다.

요즈음 나를 만나는 사람 중 어떤 이는 "그렇게 바깥출입이 잦으면 글은 언제 쓰세요?" 한다. 혹 어떤 이는 "이제 연세도 있고 하니 너무 바쁘게 살지 말고 주변 정리를 좀 하시지요." 하기도 한다. 삶의 무게를 내려놓을 준비를 하라는 사랑의 말일까? 감기에 걸려 '콜록 콜록' 기침을 해대니까 생활이 너무 바빠 피곤하고 사람과의 관계에서 오는 스트레스 때문에 오는 게 아닌가 하고 염려가 되어 하는 말인지. 그럴 때면 "글쎄요?" 하고는 관계와 경험과 배움 속에서 글이 나오는 게 아닌가 하며 속으로 궁시렁거린다.

주위에서 생각하듯 내가 배움과 모임이 그리 많은 것은 아니다. 다만 "내일 지구의 종말이 온다 해도 오늘 사과나무를 심겠다."는 스피노자의 말처럼 이 세상을 떠나는 날이 언제일지 헤아릴 수는 없으나 사는 날까지 주어진 일을 성실하게 하며 참되고 기쁘게 살고자 한다.

주위의 충언은 내 생활을 되돌아보게 한다. 바쁨을 이어 가려면 우선 건강해야 할 것이다. 가까이 지내는 분들이 아파서 바깥

출입이 어려워지는 것은 안타까운 일이다. 바쁘고 멀리 살다 보니 그들을 집으로 방문하여 만나는 것이 쉽지 않다. 최소한도의 교제비도 있어야 하고 가정생활에 지장이 없을 정도의 시간도 내야 한다. 모임에서 어떤 역할을 맡게 될 경우 감당해야 할 노력도 해야 할 것이다. 구성원과의 친화력은 물론 본의 아니게 잘 지내지 못하게 된 사람과의 관계도 개선해야 함이 절실하나 손바닥이 마주쳐야 소리가 난다고 상대방이 마음의 문을 열어주지 않으면 그것은 여의치 않다. 공동체의 활성화를 위해서는 봉사도 해야 함을 느낀다. 초청받은 자리는 감사하게 생각하며 가능한다 참석하려고 한다.

친교를 다지고 정보나 세상 돌아가는 소식도 듣고, 여건이 허락되는 한 문화활동, 봉사활동, 취미활동도 열심히 해야 되지 않겠는가.

사람은 본래 사회적 동물로서 소속감과 안정감은 인간의 기본 욕구이다. 나는 본래 소극적이고 내성적인 성격이어서 많은 사람과 관계를 갖는 능력이 좀 서툴렀었다. 그러나 불혹의 나이 40을 넘으며 제2의 사춘기를 무겁게 앓던 중, 기도와 노력 끝에 이나마 남과 어울려 얘기할 줄도 알게 되었다. 방황 끝에 귀의한 카톨릭 교리를 받아들이며 가치관을 확립하고 사랑과 봉사로 살라는 가르침을 따르려 노력한다.

고도로 발달한 현대문명과 경제성장 속에서도 노인들은 질병고와 빈곤고, 무위고에 덧붙여 고독고를 호소한다. 가난과 아픔의 고통에서 벗어날 수 있다 해도 고독고야말로 이겨 내기 힘든 큰 고통이 아닐 수 없는 것이다.

내가 바쁘게 살려는 마음은 어쩌면 그 고독고라는 슬픈 친구가 나의 빈틈을 비집고 찾아올까 두려운 마음에서인지도 모르겠다.

맺어온 인연들을 나이가 들었다고 어떻게 정리한단 말인가.

노인의 삶을 상실의 삶이라고 말한 괴테, 그 자신은 70세를 넘어서도 열정적 삶을 살았다. 바이올리스트 정경화는 작금 칠순을 넘어서는데, 진짜 연주는 지금부터라고 꿈을 전한다. 내면 깊숙이 들어가 무엇 한 오라기라도 잡을 생각이라며 기염을 토한다. 80을 훌쩍 넘겼는데도 새로움을 추구하시는 S 선생님 역시 그 도전정신에 박수를 보내며 경외감을 갖는다.

인생은 피었다가 지는 꽃과 같은 것. 무시(無時)로 찾아드는 허전하고 무위한 생각 끝에 또 다른 시작을 도모하는, 또 한 그루의 사과나무를 심고 싶어 하는 나의 마음을 그들은 아는지.

갸웃거려지는 마음을 나의 생각 속에 가둔다.

(2018년 7월 6일 Top신문)

널 위해 기도하리

초록빛이 눈부신
고구마 넝쿨 사진 한 장
딸이 보내왔다

창을 통해 들어온
따사로운 햇빛의 속삭임에
잠자던 움, 눈을 떴는가

생각 속에만 머물러 있는
딸을 만난 듯 솟구치는 반가움

어두움 밀어내는 빛처럼
일상에 밀려드는 그리움

너

멀리 있어도

뻗어 나간 넝쿨 정기의 초록빛이

싱그런 생명력이

너에게 깃들기를

널 위해 기도하리

아버지와 질경이

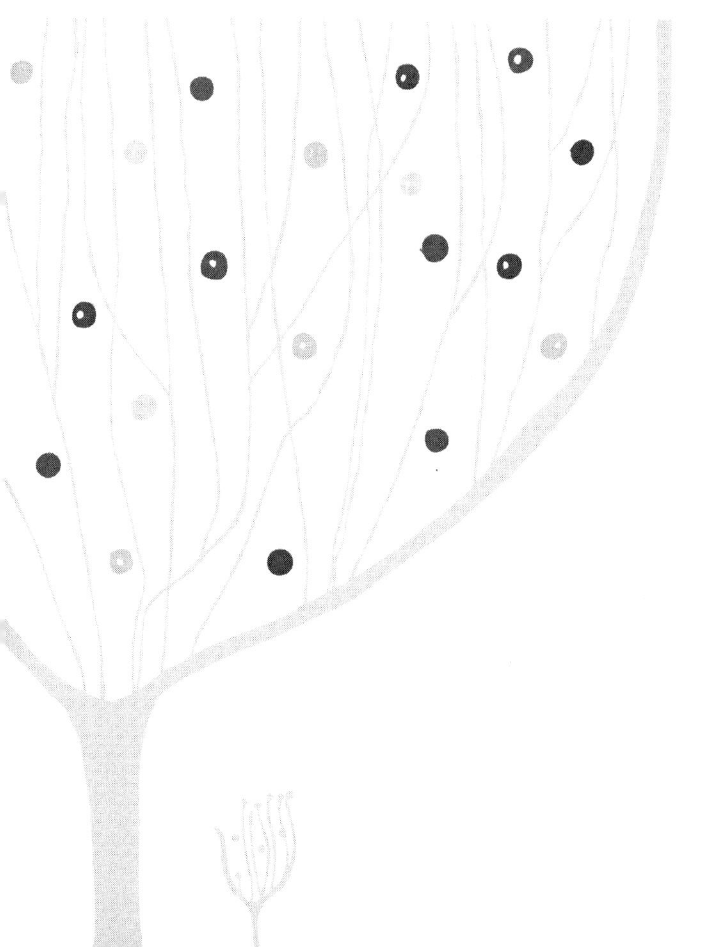

다름과 다양성에 대한 소고

1) 고통을 이겨내게 해주는 '비'

2) 지구의 '평화'

3) 행복을 나누는 '정원'

4) 나쁜 '개(강아지)'는 없다.

"위의 네 가지 주제 중 마음에 드는 단어를 골라주세요."

매·란·국·죽의 이름으로 일컬어진 모임 맴버 중 '란'이 네 가지 주제를 각각 담은 그림 4점을 가지고 와서 선택하란다. 개를 사랑하여 개 세 마리를 기르고 있는 '매'는 나쁜 '개'는 없다는 4번을 택했고 '란'은 고통을 이겨내게 해주는 '비'인 1번을, '죽'은 '지구의 평화'인 2번을, 정원 일이 취미이고 꽃을 좋아하는 '국'인 나는 행복을 나누는 '정원'인 3번을 주저 없이 선택했다. 매·란·국·죽의 고유성만큼이나 주제가 다른 그림을 고름에 겹쳐짐이 없었으니 다름과 다양함 속에 공존과 조화로움이 신기하다.

일전에 카톡에 떴던, 자유와 다양성을 모티브로 하는 테크노 퍼레이드(Techno Parade)축제가 상기된다. 신나는 음악이 거리에 울려 퍼지는 가운데 춤추는 사람, 사람들 사이로 가지각색의 종이꽃과 비눗방울들이 반짝이며 하늘까지 오른다. 젊은이들, 백발의 노인네들, 신사복을 차려입은 남성들이 유사시에 거리 평정에 나설 무장경찰들과 함께 음악에 맞추어 어우러진 풍경이 다름과 다양함 속에서 선하게 빚어지는 조화로움의 아름다움을 선사하고 있었다.

테크노 퍼레이드(Techno Parade)는 프랑스에서 열리는 큰 거리 음악축제이다. 음반회사에서 지원하는 무대와 음향시스템을 갖춘 대형 컨테이너 차량 행렬이 앞서고 세계에서 모여든 2백여 명의

DJ가 즉흥적으로 들려주는 전자음악에 맞추어 수십만 명의 군중들이 춤을 추고 환호하며 파리 시내를 들썩이는 축제이다.

각계각층의 사람들이 더불어 즐길 수 있는 문화로 이같이 자리매김한 것은 다름에 대해 긍정적으로 바라보며 다양성에 대한 폭넓은 이해가 재창조된 행동으로 옮겨진 것이라고 보여진다.

세대고하를 막론하고 즐거운 마음으로 축제를 즐기는 그들의 모습을 보며 다름과 다양성을 수용하는 관용의 자세에 대해 생각해 본다. 다름과 다양성을 인정하고 옳고 그름을 판단하기에 우리에게 필요한 것은 마음 깊은 곳에서 진심으로 내가 아닌 타인에 대해, 나의 잣대가 아닌 그의 잣대를, 그의 가치를 인정할 수 있는 다름에 대한 긍정이 아니겠는지.

인간 세계는 항상 이원성이 존재한다. 예를 들면 선과 악, 구속과 자유, 복종과 저항 등이다. 나는 모든 사념을 흑과 백으로 명확히 구분하지 않으며 회색을 띤, 중용의 도를 따르고 지키려고 노력한다. 이 지론을 지키기 위해서는 우선 나를 둘러싼 모든 것들과 화해하여야 하며 먼저 나 자신을 용서해야 하고 남을 받아들여야 한다고 한다. 자신한테 진실해지고 자신을 사랑하는 것이 얼마나 중요한가.

남의 이야기를 분별해 듣고, 자신의 기준으로 섣불리 충고하거나 판단 없이 그대로 받아들이는 행위는 모든 이에게 평화를 준다. 그러나 혹자는 그러한 태도에 '두리뭉실'이라는 표현으로 질타하고 흑과 백을 분명히 하라고 꼭꼭 찔러댄다.

요즘 정치권이나 사회 안에서도 서로 말이 통하지 않아 벌어지는 해프닝이 다양하다. 억측과 속단은 금물. 모두 자기 입장에서만 상대방을 바라보며 불만을 터트린다. 그러니 사람과 사람 사이가 좁혀지기 어렵다. 떠도는 남의 이야기가 사실 만은 아닐진대 그런 말을 듣고, 자신의 기준으로 판단하여 섣불리 충고하거나 판단 없이 그대로 받아들여 자신의 잣대로 상대에게 들이대면 어쩌는가.

이 세상에 나와 똑같은 사람은 어디에도 존재하지 않는다. 성격도, 취향도, 커뮤니케이션 방법도, 스타일도 다르다. 상대가 다르다는 것을 인정해야 이해의 폭이 넓어지며 사람 사이는 진심으로 통하게 된다.

사람마다 다름을 인정하고 진심을 다해야 사람 사이에서 터득된 기쁨과 남을 사랑하는 마음이 스스로를 변화시켜 성장해 나감에 이바지되지 않을까.

고유성이 다른 매·란·국·죽의 겹쳐짐 없는 그림 선택이 보여주듯 서로 다른 느낌과 경험들을 배우고 공감하면서 이루어 내는 조화는 귀한 것이다.

비슷하기만 하면 다름에 대한 이해도가 낮아서 자칫 편견에 빠질 수도 있을 것이다. 다름과 다양성을 인정하고 나눌 수 있는 것도 마음이 성숙하지 않으면 할 수 없는 일일 것이나 노력할지어다.

(2017년 5월 26일 Top신문)

아버지와 질경이

평소 가지 않던 길을 택한 아침 산책길에서 문득 걸음을 멈추었다. 길가 잔디밭 한 귀퉁이, 아무렇게나 놓여 있는 블록 위에 질경이가 누워 있는 것이 보였기 때문이다. 어머! 단단한 블록 위에서 질경이가 어떻게 산단 말인가. 궁금하여 가까이 다가가 자세히 보니 블록에 뚫려 있는 구멍을 통해 질경이가 뿌리를 내려 여러 대의 꽃대까지 올리고 푸른 잎을 싱그럽게 자랑하고 있다.

아주 흔해서 어디에서나 볼 수 있는 풀로 사람들이

밟고 다녀도 잘 자라며 심지어는 마차가 지나가도 끄떡없이 자라는 질긴 생명력이 민초들의 삶으로 대변되기도 하는 질경이, 나는 질경이를 바라볼 때면 아버지 생각으로 마음이 애달파진다.

3살 때, 일제강점기 시절에 제재소를 운영하시던 아버지가 갑자기 돌아가셨다. 아코디언을 연주하며 찍은 독사진 한 장과 카메라를 보관하셨다던 조그만 나무 상자인 아버지의 유품이 기억에 남아 있다. 아버지는 어린 나를 품에 안고 어르며 가수를 시킬까? 배우를 시킬까? 하셨다니 꽤나 낭만적인 분이 아니셨나 유추해 본다. 나는 내게 남겨진 사진 한 장과 유품으로만 아버지를 기억할 뿐이다.

아동기, 유년기를 지나며 나는 아버지를 가슴에서 놓아본 적이 없다.

방학이 되어 숙제로 식물채집이나 곤충채집을 위해 들판을 헤맬 때면 어김없이 질경이를 찾곤 했다. 누구에게서, 언제, 어디에서 들었는지 기억은 안 나지만 꽃대를 두 개 올린 질경이를 불에 태우면 그 연기 속에서 그리운 사람을 회우할 수 있다는 이야기를 간절히 믿었기에… 하지만 질경이는 꽃대를 3개나 4개 이상 다발성으로 올리는 식물이기에 내가 원하는 질경이를 그

시절이나 지금까지 한 번도 만난 적은 없다.

우리의 마음속에는 누구나 상처받은 아이가 살고 있다고 한다. 이 아이는 어린 시절에 치유 받지 못했던 서글픔이 있었다던가 아니면 자라면서 어린아이였을 때 당연히 받았어야 할 사랑 그리고 의존이 꼭 필요했던, 그렇지만 대상이 없어 받아들여지지 않던 서글픔에 빠졌던 경험들이다.

아버지의 빈자리로 인해 나의 내면 깊은 곳에는 진한 외로움과 공허함이 자리하고 있었다. 한편 어머니의 따뜻한 사랑으로 정서적 공백과 상처를 다소 메울 수는 있었다고는 하나 그것으로 아버지를 향한 그리움을 채울 수는 없었다.

고희를 넘기도록 인생길을 걸어오며 기쁜 일이나 좋은 일을 만날 때면 나는 아버지를 먼저 떠올리게 된다. 오매불망 당신을 그리워하는 나를 불쌍히 여기사 천상에서 나를 보듬는 아버지의 엷은 손길을 느낀다. 그분은 찬란한 내 인생 햇살 속에, 때론 폭풍우 속에 선 듯한 격렬한 삶 속에 항상 같이 존재하신다. 따뜻함과 눈물로 나를 어루만져 주신다. 어쩌면 아버지에 대한 그리움의 빈 공간을 이렇게 생각해서라도 채우려는 내 마음에서 기인한 느낌인지도 모르겠다.

옛날 중국 한나라에 마무라는 훌륭한 장수가 있었다. 마무 장군은 임금의 명령을 받아 군사를 이끌고 전쟁터로 나갔다. 마무 장군의 군대는 산을 넘고 강을 건너 풀 한 포기 나지 않는 황량한 사막을 지나게 되었다. 황야에서 여러 날을 지나다 보니 식량과 물이 부족하여 많은 병사들이 굶주림과 갈증으로 죽어갔다.

사람들은 아랫배가 부어오르며 눈이 쑥 들어가고 피 오줌을 누게 되는 '습열병'으로 고생했다. 사람뿐만 아니라 말도 같은 상황으로 쓰러져 갔다. 병사는 안타까워 말이 스스로 먹이를 찾도록 말고삐를 풀어주었다. 말은 마차 앞에 있는 풀을 열심히 뜯어 먹고 생기를 되찾아 맑은 오줌을 누는 것이 아닌가. 병사가 곧 그 풀을 뜯어 국을 끓여 병사들에게 먹였더니 회복되었다고 한다. 그 뒤로 질경이는 '차전초'로도 불리게 되었다. 심한 가뭄과 뜨거운 뙤약볕에도 죽지 않으며, 차바퀴와 사람의 발에 짓밟힐수록 오히려 강인하게 살아나는 질경이. 얼마나 질긴 목숨이기에 이름조차 질경이라 불렀을까.

하늘은 여전히 푸르고 맑다. 아침 산책길 여기저기에서 질경이가 녹색 자락을 잔디에 뉘이고 나를 반긴다. 현세에서는 결코 뵐 수 없는 아버지에 대한 그리움이 이 아침 질경이 꽃대에 머문다.

(2017년 6월 30일 Top신문)

누구를 위하여 종은 울리나

멜번 시가지에서 노을이 하늘을 아름답게 물들일 시간이 되면 인근 성당으로부터 '댕그렁~땡그렁' 거리에 울려 퍼지는 종소리를 듣는다. 이 시간 왜, 누구를 위하여 종은 울리나?

멜번을 찾았다. '여유롭고 한가롭게!' 콘셉트를 잡고 할미꽃 5송이들이 손을 잡았다. 시내 중심에 숙소를 정했다. 4번째 방문 길이다.

멜번은 죄수들의 유배지로 출발한 호주 여느 도시와

는 달리 1835년 이주민이 원주민으로부터 땅을 사고 가게와 집을 지으면서 시작되었다. 1851년 금광이 발견되면서 수도였던 면모답게 도시가 잘 구획되어 있으며, 생활하기도 편리해 세계에서 가장 살기 좋은 도시 10위 안에 선정되기도 한 도시다.

몇 십 년간의 골드러시 영광이 남아 있는 우아한 거리, 멜번의 다운타운은 고풍스러우면서도 낭만적이었다. 중세 유럽을 연상시키는 건물과 웅장한 대성당, 뾰족한 첨탑 등이 거리를 지키고 무료 트램이 '땡! 땡!' 종을 울리며 경쾌하게 도시 곳곳을 안내한다.

세계에서 가장 넓은 시내 전차망을 자랑하는 도심 사이사이에는 크고 작은 공원들이 펼치는 초록 향연이 마음을 툭 트이게 한다. 곳곳에 오랜 역사와 전통을 간직한 건물이 많이 남아 있고 높고 다양한 현대식 고층빌딩과 어우러져 옛것과 새로운 것의 조화가 아름답다. 플린더스 스트리트 역사와 세인트폴 대성당이 바라보이는 페더레이션 광장에서 일행이 모여 한 숨을 쉬는데 한국 아가씨가 다가와 자청하여 우리를 향해 폰 카메라 셔터를 눌러준다.

유명한 공원 피츠로이 가든, 미니어처 빌리지를 찾았고 100년이 넘는다는 역사를 가진 플린더스역, 역 뒤로 흐르는 야라강 벤치에 앉아 주위 빌딩에 켜진 밝은 불이 어두운 밤을 밝히는 야경 파노라마를 바라보며 맥주를 나누는 여유를 누리기도 했다. 재래시장 모습을 닮은 퀸 빅토리아 마켓(Queen Victoria Market)도 찾았다.

나지막한 마운틴에 위치한 단테농 퍼핑빌리, '칙칙폭폭' '뿡! 기적도 은은한 증기기관차 투어, 디그레이브 스트릿에 위치한 카페 거리, 좁은 골목 양쪽엔 이탈리아 음식 파는 가게가 즐비하고 커피를 사랑하는 이탈리아노들답게 커피를 팔고 있었다. 블록아케이드 쇼핑몰의 호프타운 티룸(Tea Room)에서 줄을 서서 기다려 치즈케이크를 곁들여 마신 커피는 우리의 흥취를 한껏 돋우었다. 길거리 예술가들의 그래피티, 파이와 커피로 즐긴 동화마을, 어찌 다 부언할까?

어스름 저녁 피곤한 몸을 이끌고 숙소로 돌아올 때면 인근 성당에서 '댕그렁 땡그렁!' 울리는 종소리가 거리에 울려 퍼짐을 듣는다. 지나는 길손들에게 평화와 안식을 안겨주는 종소리가 옛 기억에 젖어 들게 한다.

흰 눈이 온 누리를 하얗게 뒤덮던 날 서울대공원에 갔었다. 그때에 200살도 넘게 살았다는 큰 거북이가 미동도 없이 바위처럼 묵묵히 엎드려 있는 앞에 서서 희로애락에 둔감해 보이는 그 거북이를 무척 부러워했는데 그것은 허무감으로 절절히 저려오는 마음을 감당하기가 내겐 너무 힘겨웠기 때문이다. 이렇듯 산만한 영혼의 몸살은 삼여 년간 나를 따라다녔다. 아마도 그때에 나는 두 번째의 사춘기를 겪고 있었는지도 모르겠다. 그 무렵 해 떨어지는 고즈넉한 초저녁이면 멀리서 은은히 울려오는 교회 종소리가 내 공동을 울렸다. 저 세계는 무엇일까? 궁금증은 나의 발길을 교회 부흥회로, 유명한 스님의 불법해설 장으로, 성당 피정장으로 향하게 했다. 그 발길은 방황하는 나의 마음을 절대적 가치관으로 무장시켜 주었다.

어느 사람이든지 그 자체로서 온전한 성은 아닐지니
모든 인간이란 대륙의 한 조각이며
또한 대양의 한 부분이어라
만일에 흙덩이가 바닷물에 씻겨 내려가면
유럽 땅은 그만큼 작아질 것이며
만일에 모래벌판이 그렇게 되더라도 마찬가지며
그대의 친구들이나 그대 자신의 영지가
그렇게 되어도 마찬가지어라
어느 누구의 죽음이라 할지라도
나를 감소시키나니

나란 인류 속에 포함되어 있는 존재이기 때문이라
누구를 위하여 종은 울리나
이를 위하여 사람을 보내지는 말지라
종은 바로 그대를 위하여 울리기에

- (기도문 중에서)

영국의 시인 단(Danne)의 시 『누구를 위하여 종은 울리나』이다.

어느 누구도 하나의 섬은 아니요, 온전한 것은 아니라는 메시지를 전해 받는다.

각자는 인류라는 이름으로 묶인 공동체의 한 부분이며, 따라서 타인의 일이 곧 나 자신의 일이 된다며 인류의 연대를 강조한다. 자신의 삶을 책임질 줄 아는 사람, 전체를 위해 자신을 희생할 줄 아는 사람을 가리키는 말인지도 모른다.

시가지를 구축한 선대들은 세월 따라 사라지고 세계 각지에서 몰려든 후손들이 바쁘게 누비는 낯선 멜번 거리를 거닐며, 들려오는 종소리에 방황했던 옛 시절이 떠올라 화두를 던져본다.

'누구를 위하여 종은 울리나!'

(2018년 6월 22일 Top신문)

나는 그대가 그립다

긴 벤치 아래
비둘기 종종 노닐고
분수가 작은 춤을 올리는
스트라스필드 광장에
그대 보이지 않는다

커피 향 피어나는
카페에
옹기종기 모여 앉아
정담 나누는 무리에도
그대 보이지 않는다

현실과 표상의 혼돈 속에

음악이 점철된 환상
어둠 물러나고
터오는 여명이듯
형체 없는 모습으로 다가오는

오늘도
스트라스필드 광장에
그리운
마음 한 점 남기며 돌아서는
발자국 위에 서리는 이슬

희망 그리고 자유

고 강영우 박사는 시력을 잃은 상태에서 고난을 극복하고 백악관 차관보까지 오른, 불굴의 삶을 성공적으로 이끈 분이다. 그가 아내와 두 아들에게 남긴 편지를 읽고 가슴이 뭉클했다. 아들들에게는 "너희들과 함께한 추억으로 행복했으며 그 세월이 축복이었다."고 했다. 부인에게는 "당신은 나에게 날개 없는 천사였습니다. 나의 지팡이가 되어 준 당신, 사랑합니다. 그리고 고마웠습니다."라는 글로 끝을 맺고 있었다.

그는 간증서 『내 눈에는 희망만 보였다』에서 '나의

장애는 축복이었다. 희망이 있는 곳에 장애는 없다.'고 서술한다. 앞을 보지 못하는 장애를 가지고 있었지만 비전을 향한 희망이 있었기에 장애를 극복하고 성공할 수 있었던 것이다.

엊그제 들어온 카톡에서 여러 참상이 있었던 아우슈비츠 수용소에서 캠프 오케스트라가 행진곡을 연주하여, 그 당시 죄수들을 자연스럽게 진압시켰다는 건물이 소개되고 있었다. 아우슈비츠 수용소 하면 떠오르는 책이 있다.

소설 『죽음의 수용소』(저자, 빅터 프랭클)이다. 저자는 신경정신과 교수이며 정신요법 제3학파라 불리는 로고테라피 학파를 창시했다.

제2차 세계대전 당시 3년 동안 네 곳의 수용소를 옮겨 다니며 겪었던 자전적 이야기를 우리에게 들려주고 있다.

수용소 안에서의 다양한 삶을 관찰해 정신 상태를 분석하고 어떻게 살아나게 되었는지를 살펴 메모해 둔 것을 토대로 창설된 로고테라피의 내용도 담겨 있다.

수면과 식량부족 그리고 다양한 정신적 스트레스를 받는 아우슈비치에서 저자는 삶과 죽음의 갈림길에 서게 된다.

1,500명이나 되는 일행 중 90%가 벌거벗겨져 '목욕탕'이라

쓰인 화장터로 직행하는데 그는 독일 장교의 손가락 하나로 생사를 가르는 면접을 통과해 10%의 삶의 대열에 섰다. 살아남기 위해 노동을 견딜 수 있는 건강하고 민첩한 모습을 보이려고 애를 썼다. 하루 한 컵의 물이 배급되면 반만 마시고 나머지로 세수를 하고 깨진 유리 조각으로 면도를 해야 하는 환경이었지만 면도를 거르지 않았다. 덕분에 건강해 보일 수 있어서 가스실로 가는 것을 면할 수 있었다고 한다.

빅터 프랭클은 아우슈비츠의 수감자들을 관찰한 결과 가치 있는 목표를 가진 사람이 살아남은 확률이 높다는 사실을 발견했다.

저자가 우리에게 이야기하고자 하는 것은 끝까지 희망을 포기해서는 안 되며 희망을 상실할 때엔 육체적으로도 저항력의 한계가 찾아온다는 것이다.

수용소 환자 한 사람이 1945년 3월 30일에 전쟁이 끝나 해방될 것이라는 꿈을 꾸었다. 그 환자는 희망 속에 연명했으나 전쟁이 끝나지 않자 그만 죽고 말았다.

원인은 발진티푸스였지만 기대한 해방의 날이 오지 않자 절망한 나머지 살고자 하는 의지를 잃게 되었으며 그의 몸에 잠재되어 있던 발진티푸스균에 대항하던 저항력이 떨어졌던 것이다. 희망이 있는 사람은 어떤 상황에서도 버틸 수 있지만 희망을 잃고

나면 바로 무너져 버리고 존재가치를 잊어버린다는 커다란 깨달음을 준다.

희망 그리고 자유! 얼마나 가슴 벅찬 단어인가.

그러나 희망이 결여된 자유는 무의미함이 초래되며 그 무의미의 끝은 권태다.

유시화 시인은 「길 위에서의 생각」이라는 시에서 '자유가 없는 자는 자유를 그리워하고 어떤 나그네는 자유에 지쳐 길에서 쓰러진다.'고 삶의 모순을 노래한다.

일 년 전 일이다. 남편이 한국에 나갈 때 동행하자는 말이 없어 서운했지만, 혼자 누릴 자유함이 우선했기에 나는 주저앉았다. 처음엔 아침에 일찍 나가도 저녁에 늦게 들어와도 누구 눈치 볼 일 없고 식사 준비며 시중들 일이 없어 좋았다. 시드니 근교의 봄빛을 즐기며 나만의 시간 속에 해방감을 만끽하기도 했다. 그러나 두어 달 세월이 흐르니 홀로의 생활에 한계를 느끼게 되고 그나마 시큰둥해졌다. 한계에 부딪힌 홀로의 생활, 희망 없는 자유에 그만 지쳤는가?

(2017년 2월 17일 Top신문)

남은 날들의 새로운 시작

연한 새싹 햇살 받고
창작문학 지평 열어
남기는 발자취
문학으로 고고히 피어나
날로 새롭게 하리

인생의 이모저모
오밀조밀 글무늬 그려오면
세밀한 합평으로
채워주고 격려하여 하나 되는
울림의 공감

소소한 일상에서

소중한 기쁨 깨달아
글쓰기로 소통 성장하며
삶의 이야기로 뿌리내리는 문학 나무들
푸르른 숲으로 풍성해지기를

후세로 이어질 문학사랑
염원하는 나날의 번영
영원무궁토록 푸르게 푸르게 피어나리

오늘은
남은 날들의 새로운 시작이니

(2019년 5월 30일 Top신문)

『내 인생 최고의 책』을 읽고

공허, 무료, 외로움이 버거워 무언가에 몰두하고 싶을 때 일상 책을 읽게 된다. 나는 책 읽기를 좋아하는 모임인 시드니 북클럽에 가입하여 달마다 선정된 책을 같이 읽고 독후감을 나눈다. 이달엔 저자의 자전적 소설이기도 한, 앤 후드의 장편소설 『내 인생 최고의 책』을 읽었다. 주인공 에이바가 북클럽에 가입해 책을 읽으며 이혼의 아픔을 달래고 새로운 희망을 찾아가는 과정을 그려낸 소설이다.

중년 여성 에이바, 그녀는 대학교수로 프랑스어를 강의하고 있다. 사회적으로는 성공을 했다고 볼 수 있겠으나 정작 자신은 행복하지 못하다. 25년간의 결혼 생활이 파탄에 이르렀기 때문이다. 남편의 외도로 상처를 입었고 아들과 딸은 먼 나라에 살고 있다.

깊은 상실감에 힘들어하던 그녀는 친구 케이트의 추천으로 북클럽에 가입한다.

참고로 소설 속 북클럽 회원들이 내 인생 최고의 책으로 추천한 책을 소개해 본다.

재인 오스틴의 『오만과 편견』, 톨스토이의 『안나카레니나』, 가브리엘 가르시아 마르캐스의 『백 년 동안의 고독』, 히퍼 리의 『앵무새 죽이기』, 베티 스미스의 『브르클린에는 나무가 자란다』, 재롬데이비트 셀린저의 『호밀밭의 파수꾼』, 밀란쿤테라의 『참을 수 없는 존재의 가벼움』, 터트 보니것의 『제5도살장』 등이다.

에이바는 회원들이 책을 선택하게 된 동기와 등장인물들의 심리나 느낀 점 등을 회원들과 토론하며 딸 매기에 대한 감정을 추스르고 그녀의 행동을 이해하게 되며 비로소 자신과 짐(전 남편)과의 관계를 되돌아보게 된다.

자신을 돌아봄으로써 서서히 감정이 변화된다.

에이바는 어린 시절에 읽었던 『클레어에서 여기까지』라는 책을 북 클럽에 추천을 한다. 에이바가 어린 나이에 읽으며 나무에서 떨어져 죽은 여동생 릴리와 종적을 감춘 어머니 샬럿으로 인해 겪은 자신의 트라우마를 견뎌낸 책이다.

한편 미술사를 공부하기 위해 유학 차 이탈리아 피렌체에 있었으나 남자를 따라 파리로 건너온 에이바의 딸 매기는 작가를 꿈꾸지만 술과 마약에 중독되고 방탕한 성생활로 피폐한 나날을 보낸다. 그러나 다시 책을 만나면서 변화되며 우연히 책방에 들어갔다가 안정을 찾고 그 책방에 직원으로 고용되면서 점차 생활이 정상으로 돌아간다.

에이바는 책이 살아가는 데 도움이 될 거라고 생각했던 적이 한 번도 없었으나 독서 모임에 자신이 추천한 책을 다시 읽으며 시간 여행이니 뭐니를 생각하니까 기분이 한결 나아지며 이제 뭔가를 좀 이해하게 된다고 피력하고 있다.

술과 마약에 중독, 방탕하고 피폐한 삶을 살던 딸 매기도 책과 만나며 변화된 모습을 소설은 보여준다.

어떤 이에게는 위로를, 또 다른 이에게는 소통의 창구로, 그리고 인생의 또 다른 기쁨을 느끼게 해주는 이 책에서 다룬 상실의 슬픔, 그리고 독서를 통한 치유라는 주제는 저자 앤 후드 자신의 경험과 밀접하게 연관되어 있다고 한다.

저자 앤 후드는 1982년 오빠 스킵이 집에서 불의의 사고로 사망하자 엄청난 충격을 받는다. 그녀는 부모님 곁으로 돌아와 있으면서 느낀 상실감과 외로움을 독서로 달랬다. 2002년 다섯 살 난 딸 그레이스를 병으로 갑자기 여의고 한동안 글을 쓸 수도, 책을 읽을 수도 없을 정도로 커다란 비탄에 휩싸였지만 독서와 뜨개질을 하며 고통에서 차츰 벗어나게 되었다고 한다.

나 또한 가입한 북클럽에서 회원들과 같은 책을 읽고 한 달에 한 번씩 카페에서 만난다. 책 속으로 들어가 중국의 역사서를 통해서는 중국의 역사를, 소설이나 시(詩) 속에서 작가의 정신세계, 한국 전쟁의 또 하나의 시선, 천문학을 바탕으로 한 과학 탐험가들의 발자취, 인류사 등을 어렴풋이 더듬어 보기도 한다. 같은 사건과 관계를 놓고서도 여러 관점, 여러 가치관, 여러 이해관계에서 볼 수 있음을 새삼 느끼며, 내 인생철학이나 지론과는 틀리는 세계도 기웃거려 본다.

무수한 취미생활은 우리의 삶을 윤택하게 하며 충만하게도 한다. 그중의 한 방법으로, 슬픔과 역경을 딛고 일어서게 하고 상실감을 이겨내는 힘이 독서에 있음을 나는 『내 인생 최고의 책』을 통해 더욱 알게 되어 많이 기뻤다.

책을 읽고 독후감을 통해 위로와 용기를 전해 받을 수 있음에 진심으로 감사한다.

(2018년 10월 5일 Top신문)

위로

공허할 때
사는 것이 서글퍼 눈물이 날 때
축 처진 내 어깨
지그시 감싸 안으며 위로 되는 한마디
힘내!

따사로운 햇빛이 온 누리 번질 때
그들이 햇살 같은 미소로 웃어줄 때
산들바람이 스쳐올 때
향긋한 커피 향이 온몸을 감쌀 때
이런 날

소태봉산 진달래꽃

늦가을 빛이 뜨락에 투명하게 내리던 날 소포 한 개가 날아들었다. 수령 사인을 해주고 뜯어보니 서울에 사시는 이종사촌 시누님이 보내온 시집 『소태봉산 진달래꽃』이었다. 시누님은 금년 88세 미수(米壽)이시다. 6·25 한국전쟁 때 19세로 혈혈단신 남한으로 내려와 피난민이 되어 살아온 70년 세월, 가족과 고향에 대한 그리움의 파편들을 모아 시로 승화시켜 미수 기념으로 시집을 펴낸 것이다.

책을 펼치니 '뒷동네 밤나무 아래서 밤을 줍던 그 시

간으로 어찌 돌아갈까.' '소태봉산 진달래꽃밭에 어찌 숨어나 볼까.' 고향에 대한 그리움이 절절히 흘러나와 내 마음도 아파진다.

무려 1,000만여 명의 이산가족을 만들어냈고 천문학적 경제 피해와 국토를 황폐화시킨, 하늘이 놀라고 땅이 꺼지는, 동족상잔의 아픔인 6·25 한국전쟁 속으로 들어가 보자.

1950년 6월 25일 새벽에 북한이 소련의 지원을 받아 38도선 전역에서 공격 버튼을 눌러 사흘 만에 서울을 점령하였고 8월에는 낙동강 이남까지 점령하였다. 아군이 낙동강까지 후퇴하는 막다른 처지의 위기에서 유엔군 총사령관 맥아더 장군의 인천상륙작전 성공으로 압록강까지 이르렀지만 곧 중공군과 인민군의 거센 반격에 부딪혔다. 특히 복병 중국군이 꽹과리를 치고 나팔을 불며 불쑥불쑥 나타나는 인해 전술과 영하 30도가 넘는 북부 산악지대의 강추위에 유엔군은 전의를 상실하고 후퇴를 강행하게 된다. 퇴로를 차단 당하여 흥남에서 후퇴하는데 수십만 명의 북한 동포가 남으로 피난하고자 유엔군을 따라나섰다.

흥남 철수 작전 배는 상선 메러더스 빅토리(Meredith Victory)호였다 본래 제2차 대전 당시 장비를 실어 나르던 화물선이어서 각종 무기를 실어 나를 예정이었지만 많은 피란민을 차마 외면

할 수 없어 배에 실은 무기와 짐을 모두 내리고 피란민을 승선시켰다. 그때 흥남부두는 아비규환이었다고 한다.

해군 LST(상륙함정)가 부두에 그물망을 내리면 피란민들은 서로 먼저 타려고 죽기 살기로 몰려들었으며 그때 밟혀 죽은 사람이 부지기수였고 그물에 매달려 기어오르다 떨어져 죽은 시체가 즐비했다고 한다. 12월, 살을 에는 혹한 속에 주인 잃은 보따리가 여기저기 뒹굴고… 그 참상이라니! 마지막 수송선이 흥남부두를 떠나자 유엔군은 적에게 아무것도 남겨주지 않기 위해 흥남부두에 대규모 함포사격과 공중폭격을 가해 일대를 잿더미로 만들어 버렸다는 기록이다. 부두에 남아 있던 피란민들도 상당수 희생당했음은 물론이다.

국군이 유엔군과 함께 후퇴하고 북한 인민군이 점령할 때 젊은이들을 강제로 납치해 간다는 소문이 퍼졌다. 다 큰 처녀인 시누님이 인민군에 끌려갈까, 부모님이 노심초사 끝에 피난길에 오른 마을 사람들에게 딸을 부탁하였다. 일주일 후에 엄마도 오빠도 갈 테니 초도에서 만나자고 하며 LST에 태워 떠나보내신 것이 70년 간 생이별이 됐다. 그 배는 군산 항구에 도착했으며 시누님의 힘든 피난 생활은 그렇게 시작된 것이다.

이별 후 한 번도 어머니와 가족을 만나지 못한 그 아픔이 오축할까?

그 시절 겪었던 고생과 외로움으로 점철된 삶의 발자취를 남기고, 자식들과 손주들한테도 고향 부모 형제를 가슴에 안고 살아온 삶을 알리고 싶어 한 편 두 편 시로 풀어냈으며 그 글이 쌓이고 쌓여 미수에 시집을 낸 것이다. 이어 문단에 등단까지 하셨으니 시누님의 한이 좀 풀리셨으려나?

"초도에서 만나자." 이 한마디가 70여 년간의 이별 세월을 품었다. 상호 대립하는 두 사회체제에서 그들만의 목적을 위해 싸운 6·25전쟁으로 식민주의와 민족 분단, 외세 개입으로 초래된 엄청난 긴장이 다소 풀렸을지는 모르나 파생된 비극은 너무나 참담하다.

부모님과 두 오빠와 이별한 나
비단결 같던 검은 머리 희어지고
단란했던 우리 가족 누가 갈라놓았는가
나는 오늘도 마른 가슴팍 치며
고향을 그리며 나 홀로 늙어가네
어찌 잃어버린 세월을 탓하랴

어려운 시절을 탓하지 않고 현실을 숙명으로 받아들임을 시에서 본다. 불가항력적인 환경 속에서도 지혜롭게 승리적 삶을 살아오셨음을 시에서 읽는다. 시누님은 이제 2남 3녀의 자녀에 그 배우자들과 11명의 손주 손녀를 두시었다. 그보다 더한 복이 어디 있으랴.

시누님 존경합니다. 그리고 미수를 축하드립니다. 소태봉산 진달래꽃도 꿋꿋이 살아온 시누님이 가상하다고 만발한 웃음꽃으로 미수되심을 축복해 줄 거예요.

(2019년 6월 27일 Top신문)

모성애

베란다에 앉아 연이어 지평선까지 펼쳐진 숲을 바라보며 평화로움과 안식을 느낀다. 그러나 그렇게 평화롭게 어울려 보이는 나무들도 생존번영을 위해 날 선 투쟁을 벌이는 경우를 나는 우리집 정원에서 본다. 살아남기 위한 나무들의 말 없는 투쟁은 은근히 치열하다. 나무들 사이에도 거리가 필요한 것이다.

우리집 정원에는 화분 안에서 자라는 선인장 한 그루가 있는데 많은 새끼를 업은 등이 휘어져 있다. 그 모습을 볼 때마다 숭고하고 앙징스런 그 행위가 너무 안쓰럽고 가상해 웃음을 짓곤 한다. 기둥같이 하늘을 향해 길게 자란 끝부분에 핀 샛노란 꽃이 마치 화관을 인 듯 아름다워 이웃에 놀러 갔다가 새끼 한 송이를 얻어 화분 안에서 키운 것이 몇 해 전인데, 그것이 지금은 기이한 모습으로 자라간다.

옆 화분의 다른 선인장이 싫어서인가 아니면 확보해야 할 공간이 부족해서인지 위로만 커가던 선인장이 옆의 선인장을 피해 슬쩍 반대편으로 몸을 뉘는 것이 아닌가. 그러더니 그로부터 2년여 후에는 다시 머리를 들고 꼿꼿이 하늘을 향했다. 'ㄴ'자 모양으로 체형을 잡아가면서도 어김없이 해마다 두 번씩 머리에 노란 화관을 이었다. 이제는 공간확보가 안정권에 들었다고 생각드는지, 휘어진 등 위에 새끼들을 치기 시작했다. 숭고한 모성애가 눈물겹다. 어찌 식물뿐이랴.

'모성애의 물고기'라고 불리는 물고기가 있다. 깊은 바다에 사는 연어(salmon)다. 연어는 알을 낳은 후 갓 부화되어 나온 새끼들에게 몸을 내어준다. 아직 먹이를 찾을 줄 몰라 어미의 살코기에 의존해 성장할 수밖에 없기 때문이다. 극심한 고통을 참아내며 새끼들이 맘껏 자신의 살을 뜯어먹게 내버려 둔다. 새끼들은 그렇게 성장하고, 어미는 결국 뼈만 남는다.

물고기뿐인가. 안락사 주사를 맞고도 송아지에게 젖을 먹인 뒤 죽은 '어미 소의 위대한 모성애'의 기사를 대한 읽은 적이 있다. '부루셀라' 파동 때, 도살처분에 참가했던 한 축산 전문가는 도살처분 현장에서 믿기 힘든 장면을 목격했다고 한다. 어미 소를 안락사시키기 위해 근이완제 주사를 주입하는 순간, 갓 태어난 송아지 한 마리가 어미 곁으로 다가와 젖을 달라며 보채기 시작했다.

어미의 고통을 알 수 없는 송아지의 천진난만한 모습에 담당 요원들의 가슴이 무거웠다고 전한다. 소들은 주사 주입 후 대개 10초에서 1분 사이 숨을 거두기 마련이다. 하지만 기적 같은 일이 벌어졌다. 어미 소는 태연히 젖을 물렸다. 1분간이 지나면서 어미 소는 다리를 부르르 떨기 시작했지만 끝까지 쓰러지지 않고 버텨냈다. 2~3분간이 흘렀을까, 송아지가 젖을 떼자마자 어미 소는 그제야 털썩 쓰러졌다고 한다. 현장의 방역요원들은 이 비극적인 모성애에 얼굴을 돌린 채 흐르는 눈물을 주체하지 못했다고 한다.

식물과 동물의 모성애가 이토록 위대한데 인간의 모성애야.

일가족 4명이 마주 오던 트럭과 충돌해 부부가 사망하고, 생후 10개월, 30개월짜리 남매만 살아남았다. 엄마는 중상을 입고도 아이들을 우선 챙겼다.

사고 직후 어머니는 둘째 아이를 차 밖의 바닥에 내려놓은 다음에야 쓰러졌다. 생사의 갈림길에서 보여준 애틋한 모성애에 많은 사람들이 가슴으로 울었다고 한다. 언제든 자신의 목숨과 바꾸는 데 주저하지 않고, 자식을 위해서라면 불구덩이라도 뛰어드는 게 엄마다. 정말 여자는 약하지만 엄마는 강하다.

동지섣달 긴긴밤이 짧기만 한 것은
근심으로 지새우는 어머님 마음
흰머리 잔주름은 늘어만 가는데
한없이 이어지는 모정의 세월
아 가지 많은 나무에 바람이 일듯
어머님 가슴에는 물결만 높네.

모성애를 그린 애절한 노래다. 레저 시설이 변변치 않던 미혼 시절, 나는 영화를 좋아해 어머니의 속을 많이 썩혀드렸다. 그때 본 영화 중에 「로마의 휴일」, 「사운드 오브 뮤직」, 「콰바디스」, 「벤허」, 「십계」, 「누구를 위하여 종은 울리나」, 「로마의 휴일」 등등이 아직도 기억에 남아 있다. 춘천 지방 극장에 영화가 들어오면 3~4일 상영되는데 주중에 영화가 종영되게 되면 종영되기 전, 놓칠세라 퇴근 후 극장에 갔다. 늦은 밤 빈속으로 집에 돌아오면 내 잠자리 머리맡에 밥상을 차려놓고 다 큰 처녀가 밤늦게 돌아다닌다고 애태우시던 어머니의 지극한 사랑을 어찌 잊을까.

새끼를 업어 키우는 선인장의 애련하고 강인한 모습에서, 인고 속에 철이 없고 고집이 센 나의 보호벽과 방패막이 되어 주시던 어머니가 떠올라 눈시울이 붉어진다.

(2019년 월간 비즈니스 4월호)

할미꽃들의 나들이

빛 따라 나선 거리
St, Marry 성당이 고풍스럽다.
뜨거운 부활 대 축제 속에
꽃들은 무리져 함박웃음 터트리네
시린 하늘에 떠가는 옛 추억

60대가 7, 80대 앞에서 카메라를 들었다.
손을 바지에 찔러 넣어라
먼 하늘을 응시하라
스카프를 이리저리 돌려 매어주며
어깨에 붙어 있는 흰 머리카락을 떼어준다.

참 세월 빠르네!

쏴아~ 젖은 바닷바람이 마른 몸을 적신다
바다에 떠있는 하버브릿지
위용이 빛나는 오페라하우스
뭉게구름은 한가롭고
바닷새 한 마리 머리 위로 날아간다

기댈 수 있는 네가 있어 참 좋다.
스리 시스터스* 곡물 재배같이
더불어 넝쿨 콩이 되고
호박이 되고 버팀목인 옥수수가 되어
여생을 오늘 같이 보낼 수 있다면

바람 앞에

나무는 잎을 놓아주고

나무는 꽃을 놓아주고

세 여인은

무상의 꽃이 되었다

*스리 시스터스 곡물재배: 북미 원주민들의 곡물재배 법.

농토지에 조그만 둔덕을 만들어 옥수수 씨를 심고 15㎝ 정도 자라면 그 주변으로 호박과 덩굴 콩을 심는다. 세 곡물을 함께 심어주면 덩굴 콩은 옥수 수를 지지대로 삼고 콩은 질소라는 영양소를 땅으로 보내 옥수수와 호박에게 영양을 공급하고 호박은 넓은 잎으로 땅을 덮어 잡초가 올라오지 못하게 해주고 거친 솜털로는 벌레가 접근을 못하게 해준다.

(2019년 5월 24일 시드니 저녁)

창밖엔 봄비가 내리고

창밖엔 봄비가 내리고 있다.

아직 쌀쌀하고 눅눅해진 실내공기를 몰아내고자 난로로 적당히 덥혀놓은 실내는 훈훈하고 쾌적하다. 난롯가에 앉아 뜨개질을 하던 터에 비 내리는 창밖을 바라보노라니 창가에 앉아 담배 연기를 날리며 청잣빛 도자기를 어루만지고 있는 남편의 뒷모습이 눈에 차온다.

그는 도자기를 사 들고 돌아오던 날 오래전에 끊었던 담배도 한 갑 사 들고 들어왔다. "애써 끊은 담배는 왜 또 피우느냐?"는 나의 성화에도 아랑곳없이 하얀 학이

두 날개와 두 다리를 곧게 펴고 나는 듯한 문양과 꽃잎이 다문다문 아로새겨진 청잣빛 도자기를 어루만질 때면 그는 영락없이 담배를 피워대는 것이었다.

그가 피워내는 담배 연기 속에는 도자기를 더듬듯 지금은 갈 수 없게 된 고향산천과 부모형제를 그리워하는 어린 마음이 녹아 있는 듯 보여 마음이 일순 숙연해지기도 했다.

주말이나 공휴일에 평일보다 차량 소통이 적은 도로를 유쾌하게 말없이 운전하던 그는 어김없이 "아니 다들 어디로 피난을 갔나. 왜 이리 조용해." 하며 나의 잔잔한 마음을 흔들어 놓는다. 그럴 때마다 나는 "다들 여행을 떠났나, 왜 이리 조용해 하면 어디 덧나요?" 하고 속으로 중얼거린다.

내가 그러는 데에는 이유가 있다. 큰애를 임신하여 한참 입덧으로 고생할 때다.

북한의 대남 공작에 따라 김신조를 비롯한 31명이 청와대를 기습하라는 임무를 받고 내려오다 발각된 사건이 터졌었다. 전국은 북한의 남침 전쟁 우려로 온통 들끓고 불안에 휩싸였었다.

아직 신혼의 꿈에서 벗어나지 못하고 있던 나는 앞날에 대한 설계를 펼치며 남편과 이야기하기를 좋아했는데 그는 그때마다 사람은 항상 앞일을 대비해야 한다.

만약 전쟁이 나서 피난을 갈 때에 비행기가 폭격을 하면 잽싸게 방공호로 뛰어 들어가야 하며 주위에 방공호가 없을 때에는 무섭다고 허겁지겁 뛰지 말고 낮은 곳을 찾아 납작 엎드려야 한다는 등의 이야기를 시도 때도 없이 대화에 늘어놓아 결국은 화까지 몰아올 때가 종종 있었다. 한 밤 잠자리에서 조용히 음악 듣기를 좋아하는 나와는 반대로 그는 잠자리에서조차 전쟁이야기를 서슴지 않았으니까. 그렇듯 그의 일상은 그가 겪은 전쟁과 그의 고향 산천인 북한을 떠나 있지 못하고 항상 그 주위를 맴돌았다.

남한에서 부모형제와 더불어 큰 고생 없이 자라온 나로서 그러한 그를 이해하기 어려웠다. 감수성이 한창 예민한 소년기에 전쟁 속에서 부모형제를 잃고, 청년기를 전쟁 후의 어려운 삶 속에서 보낸 그다. 내 나이 이쯤 되니 조금 철이 들었다고나 할까, 그런 그를 바라보노라면 이젠 연민이 앞선다. 부부 일심동체라 하나 동상이몽이라, 자라온 환경이 다르고 생각함이 다르니 전쟁 상흔으로 속 깊이 맺힌 응어리를 진작 헤아려 주지 못했음이 안쓰럽다.

오래전 북한미술 공예품 전시회가 노스 파라마타(North Parramatta)에서 열렸었다.

개장 첫날 전시회장에 갔는데 평소와는 달리 그는 도자기 한 점과 그림 한 점을 주저 없이 샀다. 그러나 그것으로 끝나지 않고 일상과는 다른 눈빛으로 무슨 중요한 행사라도 치르듯 무슨 구실을 삼아서라도, 예를 들면 수재를 만난 북한 동포들이 불쌍하다. 타향살이 오래면 고향 까마귀도 그립다는데, 하며 출근하다시피 전시장을 드나들고 그럴 때마다 손에는 그림을 말아 들고 들어왔다.

밤에는 거실 바닥에 그 그림을 쭉 펴놓고 담배 연기를 날리며 모란봉의 청류벽이 어떻고, 울밀대가 어떻고, 금강산의 가을 풍경이 봄 풍경보다 단풍이 있어 일품이라느니, 달밤에 비친 금강산 또한 절경이며 그 안에 있는 산사 이름이 보덕암이고 여기 묘향산 그림에 나온 산사는 보현사다. 그런데 강계의 임풍루나 의주의 통군정은 그 동무(?)들도 모르더라, 조금은 으스대며 감상을 거듭한다.

그러더니 그림을 펴 놓았다 말았다 하는 것도 어려운지 아예 방에 도배를 하듯이 이리저리 붙여 놓고는 연신 담배 연기를 날린다. 그는 그림의 예술성을 감상보다 앞서 결코 떨쳐 버릴 수 없는, 꿈에도 그리던 고향에 대한 그리움을, 동족에 대한 막연한 사랑을, 분단된 남북한의 애달픔을 그림 속에서 애써 찾아 채우려는 듯 보였다.

세계화로 치닫고 있는 현실은 먼 이국도 지척인데 부모형제 일가친척이 살고 있는 내 고향산천을 자유로이 가볼 수도 없고 생사 여부조차 알 수 없는 현실이 애달프다.

전쟁 상흔, 남북분단으로 그의 심해 깊이 가라앉은 저 한의 응어리를 풀 날은 언제가 될 것인지. 이제 많은 세월이 흘러 흰머리가 희끗희끗 보이는, 인생 황혼기에 접어든 그가 생전에 고향산천을 자유롭게 찾게 되는 날은 정녕 올 것인가. 나 또한 그의 고향인 시댁을 생전에 방문할 수 있을는지.

실내엔 한 어린 담배 연기가 창문에 어른거리고 창밖엔 봄비가 내리고 있다.

(2019년 10월 20일 시드니 저녈)

코카투섬에 코카투가 없었다

코카투섬에 코카투가 없었다
열 지은 국방색 텐트
찬바람마저 떨게 하는 대포의 위용
아~ 빗나간 기대

침략자로 애버리진 밀려났듯
개발 소음에
푸른 숲과 꽃들 사이로
팔랑 파르랑 노닐던 코카투* 떠났나?

영국 죄수들 강제 노역으로
해군기지 건설하고
도크 만들고

해군 조선소도 세웠다.

지금은 녹슬고 쇠잔해진 대형 도크
죄수들의 피와 애환이 서린 암벽에
새겨 있는 그림과 낙서
찻물을 끓였을 깡통(Billy)

세월이여!
남겨진 흔적들
그 상처 위에 무지개 뜨기를

낙조, 그 붉은 바다

*코카투(Cockatoo): 노랑벼슬 앵무새

나의 휴, 나의 락

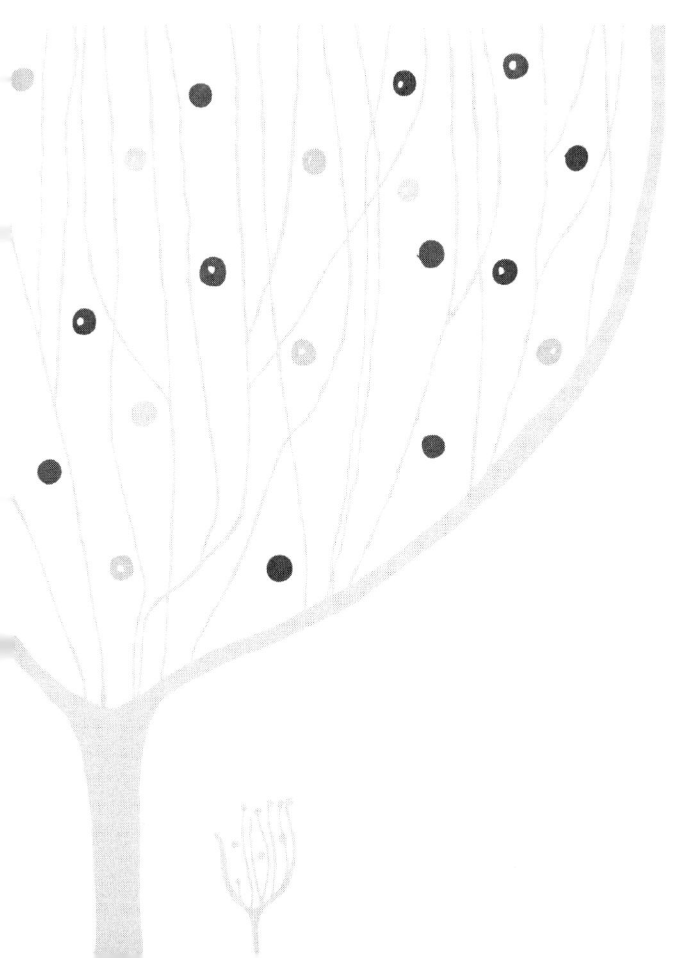

나의 휴(休), 나의 락(樂)

- 고도를 기다리며

요즈음 좋은 자연경관이나 바람에 나부끼는 아름다운 꽃을 대할 때, 흘러가는 음악이 내 속으로 젖어 들 때나 울림 있는 글을 접할 때면 마음이 요동치며 한곳으로 향한다. 경관을 폰으로 사진 찍어 담고 글을 적고 음악을 곁들여 동영상 제작에 들어간다. '무지하면 용감하더이다.'를 주저 없이 실천하는 순간이다.

처음엔 동영상 제작 전문이신 분이 내가 쓴 수필이나 시를 낭송 녹음하여, 음악과 자막을 곁들여 동영상을 제작해 인터넷문예신문과 유튜브에 올렸었다. 나로서는 나의 글을 독자들과 공유할 수 있는 좋은 기회이고 제작하시는 분은 유튜버에 도전하는 상부상조의 차원이다. 주위의 문학인들이 동참했다. 부족함을 느껴 부끄러운 중에도 내가 쓴 글이 음악과 영상을 곁들여 발표가 되니 기뻤다. 경이로운 새로운 세계였다. 작업을 거듭하다 보니 그 방면으로 눈이 뜨이고 나도 동영상을 자유자재로 제작하면 얼마나 좋을까 열망하게 되었다. 소원은 이루어졌다.

그간 나의 휴(休), 나의 락(樂)을 위해 도전해 본 것을 손가락으로 꼽자면 열 손가락이 모자란다. 도전하다 여건상 중단된 것 말고 현재 내 눈앞에 남아있는 것만을 언급해 보자면 우선 화초 가꾸기이다. 그다음 뜨개질인데 완성한 뜨개 옷을 쌓아 놓으면 내 키의 두 배는 될 것이다. 뜨개옷은 우리집에 놀러 온 분들이 집어간 것만 해도 꽤 된다. 또 하나 인터넷에서 익힌 냅킨아트다. 무엇을 시작하면 천방지축 덤벼드는 성격이 이때도 예외는 아니어서 서투른 중에도 만든 냅킨아트가 집 안 곳곳에는 물론 창고에도 놓여 있다. 앞뒤 정원에 널려진 화분, 뜨개옷, 냅킨아트 작품 등을 일컬어 남편은 "언젠가는 다 쓰레기가 될 터인데." 하며 못마땅해한다.

동영상은 어떤가? 동영상을 제작해 카톡으로 보냈더니 처음엔 가만히 있다가 "눈도 안 좋은 사람이 그런 것은 자꾸 만들어 무엇하려고? 건강이나 챙기지." 한다. 또 내용에 '나 없이 내일이 시작될 때'라든가 '세월아 내 뒤를 따라오렴' 등 세월 타령의 동영상을 보낼 때는 "자꾸 늙은 타령을 하면 어쩐다고?" 하며 내 심사를 건드렸다. 그렇다고 주저앉을 내가 아니다. 눈치를 보며 만드는 대로 카톡으로 보내주었더니 "편집자 이름이 안 들어가면 누가 만든 것인지 어떻게 아냐?" 해서 이름을 넣었다. "편집자 사진이 안 들어가면 누구인지 어떻게 아느냐?" 또 관심(잔소리)을 보여 지금은 편집자를 명기하고 그 옆에 내 사진도 박는다. 동영상 제작은 인터넷상에서 벌어지는 일이니 쓰레기 염려는 안 되는가?

사무엘 베케트(Samuel Beckett)가 쓴 『고도를 기다리며』의 주인공 블라디미르와 에스트라공은 언제 어디서 올지 모르는 고도를 시골길 나무 한 그루 밑에서 기다리고 있다. 고도가 올 때까지 어디서 왔는지, 고도가 누구인지 무엇을 하는 사람인지, 고도를 왜 기다리는 것인지 모두 알 수 없지만, 그들은 기다린다. 저자 사무엘 베케트는 2차 세계대전에 레지스탕스를 도왔다고 한다. 레지스탕스 활동을 하며 실제 전쟁을 겪었고 절망적인 상황에서 평화롭고 안정된 세상이 오길 바랐던 것이다. 즉, 고도는 '평화', '행복', '구원', '구세주'인 것이다. 어쩌면 생의 마지막 고지인 죽음을 이야기하는지도 모르겠다. 『고도를 기다리며』에서 등장인물들의 삶은 어쩌면 내가 살아가는 삶과 유사하다는 생각이 들었다. 하루하루 주어진 시간을 활용하며 나 역시 고도를 기다리며 사는 것이 아닌지.

작금 디지털 시대다. 인터넷과 스마트폰의 대중화는 문자 문화 시대의 종이책보다 전자매체를 통해 지식과 정보를 실시간으로 접할 수 있는 시대다. 이같이 문자와 영상물로 편집된 동영상은 종이 매체보다 훨씬 자극적이고 현실감이 있어 쉽게 접하게 된다. H가 키우던 선인장이 하얀 꽃을 피웠다고 사진을 몇 장 찍어 보내왔다. 오늘은 그 답례로 그 꽃 사진을 배경으로 나태주의 시 「행복」을 동영상으로 꾸며 보냈다.

저녁때
돌아갈 집이 있다는 것

힘들 때

마음속으로 생각할 사람이 있다는 것

외로울 때
혼자서 부를 노래가 있다는 것

이같이 추억, 고마움 등 일상을 담은 영상을 만들어 이웃과 공유하며 남은 시간을 채우고 삶이 풍성해지도록 노력하련다. 발전하여 나 개인적인 주제로 상상과 형상화를 거쳐 문학적 변용과 세련된 표현 기법을 통해 개성적 작품 세계를 추구하여, 그래서 독자들이 공감하고 감동할 수 있는 좋은 동영상 제작에 힘쓸 것을 매일 소망하며 언젠가는 마침내 나에게도 다가올 고도를 기다리련다.

(2020년 12월 6일 Top신문)

내 고향을 말한다

- 그립습니다

고향을 생각하면 늘 함께 떠오르는 선생님이 계신다.

나는 경기도 인천시 송림동에서 태어났고 초등학교 시절을 그곳에서 보냈다. 일제강점기 때 행정구역 폐합에 따라 새말, 매하지, 장승거리, 샛골, 활터고개를 병합하여 송림리라 하였는데 그 후 송림정이 되었다가 해방이 되며 동명 개정에 따라 송림동이 되었다고 한다. 소나무가 많아 붙여졌다는 동네 이름인 송림동엔 내 기억 속을 아무리 뒤져보아도 소나무 숲이 없다. 아마도 소나무 숲은 내가 태어나기 이전에 존재했거나 아니면 내가 모르는 곳에 존재했을지도 모르는 일이다.

우리 집에서 얼마간 올라가면 성냥회사 공장이 있었으며 그 막바지에 동명초등학교가 있다. 일제강점기 때는 전염병연구소였으나 해방 후 그 연구소는 개조되어 동명초등학교 건물로 변환되었다고 한다. 그 당시 유일의 사립 학교였으며 도보로 집에서 10여 분 거리였다.

여름이면 유난히 꽃이 울긋불긋하던 교정 그리고 박창례 교장선생님. 선생님은 교내 사택에 사셨으며 미혼으로 오로지 육영사업에 일생을 바치신 분이다. 중학교 1학년 때 춘천으로 이사한 나는 해마다 인천에 갔으며 그때마다 늘 선생님을 찾아 뵙곤 했다. 그러기를 거듭하던 어느 해에 선생님 모습이 보이지 않아 얼마나 서운했는지 모른다. 타계하신 것이다. 그 서운함이 지워지지 않아 꿈길에 그 학교 빈 교정에 설 때면 쓸쓸함이 밀려오는 것인지도 모르겠다.

학교 팽창에 따라 꽃밭엔 교실이 들어서고 아는 이 없어 낯선 이방인이 된 나는 이듬해 한 번 더 학교를 찾았고 그 후론 인천을 가더라도 학교를 찾는 따위는 하지 않았다.

인천 방문길에 빠지지 않고 찾아가는 곳이 또 있었는데, 앞마당에 조그마한 방공호가 있는 친구 혜자의 집이었다. 초등학교 시절 우리는 두어 평 되는 그 방공호에서 찐 감자나 옥수수를 먹으며 운성이 지구와 충돌해 지구가 멸망할지도 모른다는 등 미지의 세계를 불안한 마음으로 더듬곤 했었다. 그러나 어느 해 인천을 찾아갔는데, 도심 확장 계획에 따라 친구의 집도 간데온데없어지고 그곳에 큰길이 나 있어서 얼마나 허망하던지.

우리집 앞마당에서 벗어나 신작로에 나서면 눈앞에 푸른 숲으로 감싸인 수도곡산이 버티어 있고 오른쪽으로 시선을 돌리면 언덕길 너머 벌거벗은 부처산이 보였다. 저 언덕 너머는 무엇이 있을까? 그러나 유유한 하늘 아래 야트막하게 뻗어 있는 그 언덕을 넘어가 본 기억은 없다.

초등학교 시절 여름방학 숙제로 빠지지 않는 것이 곤충채집과 식물채집이다. 수도곡산은 내 어린 시절의 보고였다. 그곳에서 식물을 채집하고 여치, 메뚜기, 잠자리, 무당벌레, 풍뎅이, 나비 등 곤충을 채집했다.

바다를 보고자 버스를 타고 작약도를 향한 길과 배다리 시장을 지나 맥아더 장군 동상이 있고 비둘기들이 '구구'대던 만국공원(자유공원)을 찾던 추억의 길목엔 남동생과 막내 고모가 있다. 초년시절의 감성을 함께 키운 그들은 내 속에 지금도 살아 있다.

동명초등학교는 전통이 깊은 학교로 학생들에게 절대 욕을 금기시하여 욕을 하다 들킨 학생들에게는 엄한 체벌을 내렸다. 이른 아침 등굣길, 활짝 열린 교문 앞에 다다르면 교무실 유리창 너머에서 우리들을 반겨주시던 교장 선생님. 선생님은 전교생에게 어머니와 같은 사랑을 아끼지 않으셨다.

졸업반에는 일주일에 한 번씩 들어와서 애국애족의 정신을 강조하고 인성교육을 직접 시키셨다. 그 덕분으로 나는 내 아이들을 키우면서 그리고 지금까지도 욕을 해본 경험이 별로 없다.

어머니가 외할머니의 외가인 강화도에 가셨던 날에 나는 어머니를 애타게 기다리던 발걸음을 학교 교정으로 옮겼다. 나를 따뜻하게 맞아주던 교장 선생님과 손을 잡고 밝은 달을 쳐다본 기억만 남아 있다.

달무리로 테를 두르고 달은 수도곡산 꼭대기에 두둥실 떠 있었다. 지금도 꽃들이 만발한 꽃밭이나 밝은 달을 바라볼 때면 나는 그곳, 교장 선생님이 계시던 학교 교정으로 회귀(回歸)하곤 한다.

내가 태어나서 초년 시절의 꿈을 키웠던 고향이 지금은 개발로 딴 모습이 되었고 인사는 세월 속에 흘러갔지만 내 어찌 잊으리. 어린 시절의 나를 보듬어 가르쳤으며 길러준 어머니의 품과 같은 고향과 선생님….

그립습니다.

선정능에서

생전에 가진 영화를 누렸을
왕의 마지막 행로지
추색 짙은 왕릉은
적요하고 쓸쓸했다

낡은
나무 벤치에 앉아
깊은 사념에 젖어드는데
어린아이 손을 잡은 젊은 엄마가 지나간다

허무한 한 생을 생각하다
마주친 모자의 따스한 정경
풋풋한 저들의 마지막 행로지도

결국 무덤이라는 것

모든 생명이 있는 존재는
언젠가 사라진다는 서글픔이
농도 짙게 밀려오며
순간 눈물이 왈칵 솟았다

갑작스러운 나의 행동에 놀란 남편
눈물을 찍어 대는 이유를 대라고
실연을 했던가
돈을 뜯겼던가

하늘을 지나는 저 무심한 구름

마갈롱 골짜기에서

청량한 바람이 마른 심신을 적신다. 가을 단풍이 불타는 몸짓으로 손짓한다. 떠남은 늘 설레임을 동반한다. 오늘의 떠남은 문우들과의 동행이라 기대가 더 실렸다. 15명이 3대의 차에 분승했다. 연이어 길 양편으로 붉게 물든 단풍나무가 길손을 환영한다. 스치는 바람과 전해오는 청량감으로 파아란 하늘을 가슴에 품은 듯 뼛속까지 시원해진다. 번잡한 일상사로 붙어다니던 두통이 어느샌가 슬며시 사라진다.

예고된 대로 블루마운틴의 끝자락 블랙히츠(Black Heath)로 들어서니 차는 마갈롱 골짜기(Magalong Valley)로 접어 내려간다. 블랙히츠에만 머무르려나 했는데, 마갈롱 벨리로 가다니! 이건 완전 덤이다. 이민 초기, 이웃들과 이 골짜기에서 BBQ로 점심을 먹을 때 나뭇가지에 앉아 지켜보던 쿠카바라*에게 내 앞 접시 위의 고기를 잽싸게 빼앗긴 적이 있었다. 한국 도심지에서만 살다가 이민을 와 갑자기 당한 일로 얼마나 놀랐던지. 정말 삶은 자연과의 싸움임을 실감한 사건이다.

마갈롱 골짜기는 호주 뉴 사우스 웨일즈 주의 블루 마운틴의 일부이다. 카툼바(It is located west of Katoomba). 서쪽에 위치해 있으며 제미슨 밸리(On its eastern side, the valley is separated from the Jamison Valley) by Narrow Neck Plateau. 동쪽에 있는 협곡은 좁은 고원에 의해 제미슨 벨리에서 분리되어 있다. The overlooks part of the valley. 마갈롱 골짜기라는 이름은 원주민 어로 'Rock Under Valley'를 의미한다고 한다.

오늘날 계곡은 여전히 농업으로 사용되지만 차츰 관광이 증가하고 있다. 검츄리 일색인 이곳에서 붉은 단풍을 볼 수는 없었으나 어디 단풍만이 가을빛이던가. 스산한 바람으로 통하는 도처가 모두 가을빛이 넘친다.

커피 향이 은은한 실내의 벽난로에 장작불이 지펴있어 따뜻한 카페 'Tea Room'에서 뜨거운 롱 블랙커피 한 잔과 미트 파이를 야채와 곁들여 먹었다.

오래된 마을에서 먹는 호주 유일의 전통 음식은 운치를 만끽하게 해주었다. 블루 마운틴을 달려온 맑은 공기와 정기가 나뭇잎들에 채색된다. 하늘로 솟는 문우들의 '까르르~' 웃음소리로 가을빛이 흔들린다. 이 모든 정기가 나의 온몸을 감싼다. 오래된 마을인 이곳에 오늘 내 발자취를 다시 남기며 새로운 동행들과 담아보는 모든 광경이 처음 보는 듯 신선했다.

오래된 마을, 문을 연 지 백 년이 넘었다는 오래된 카페에서 곤고한 세월을 느낀다. 새로움보다는 오래됨에 정겨움을 더 갖게 되는 나이가 됐다. 오래된 것은 늙고 낡아진 것을 뜻하는 것이 아니요, 오랜 시간 견딘 시련과 곤고(困苦)함에서 이겨내 숙달되고 노련해진 것을 의미한다는 말이 새겨 든다.

인간관계도 마찬가지이어라. 머리에 쓰던 갓을 새로 사기보다 헌 갓을 고쳐 쓰라는 말이 있다. 새 사람을 사귀기보다 오래된 사람들과 관계개선을 하며 잘 살라는 교훈적 얘기인 줄로 안다. 인생도 마찬가지로 오래 살수록 단맛과 쓴맛을 거친 연륜이 몸에 밴다. 살아온 빛과 어둠이 녹아든 양만큼 적절한 빛깔과 향기를 띠게 되는 것이고, 살아갈수록 사유도 깊어지기에 색과 향은 저마다 깊어지고 많은 사람들이 모여 사는 세상은 그래서 알록달록 총 천연색이 된다. 삶의 경륜이 깊어지며 나도 이제 만상을 바라보는 시선과 받아들임이 예전보다 다소 편안해졌다고나 할까?

인디언들은 자신이 힘들고 피곤해지면 숲으로 들어가 자신의 친구인 나무에 등을 기대고 그 웅장한 나무로부터 원기를 되돌려 받는다고 한다.

적요한 햇살과 평안이 내려앉은 마갈롱 벨리(Magalong Valley) 숲에서 안식을 취하며 문우들과 숲과 나무에서 받은 원기를 나누었다. 홍조를 띤 그들의 얼굴이 지순해 보이는 순간이다. 남은 삶의 여정도 오늘 느낀 마음가짐을 이어가리.

*쿠카바라: 호주의 국조. 호주를 대표하는 동물 중 하나. 육식을 하는 새로 피크닉을 하는 많은 사람들이 고기나 샌드위치를 이 새에게 도둑맞았다는 일화가 있다.

(2018년 5월 4일 Top신문)

새는 꽃을 기억하려나

목련 가지에
꽃망울이 터졌다.
하늘을 응시하는 새
무엇을 기다리나

꽃은 져도
초록은 여름을 불태우리

지난해도
꽃망울이 허공에 떠 있었지

겨울을 견뎌낸 끈기
신비를 간직한 꽃

햇빛과 바람은
창을 흔들고
꽃잎은 떨어진다

화사한 햇살 뒤
짙은 그늘
봄빛이 스러지는 가슴앓이

설렘과 환희로
찾아오던 봄은
새처럼 날아가고
날아간 새는 꽃을 기억하려나

(2017년 8월 12일 Top신문)

아름다운 노을을 꿈꾸며

동양고전 읽기 반에서 「우아하게 늙으려면」이라는 주제로 각자 소신을 발표하는 시간을 가졌다. 거의 80이 가깝거나 넘긴 분들로 좋은 지침들이 많이 나왔다.

우아하게 늙으려면 건강과 경제적인 면에서는 한계가 있으나 행동적인 면에서는 우리의 노력 여하에 따라 가능하다는 전제하에 그중 먼저 인사하기, 말을 적게 하기, 우기지 말기, 생각 많이 하기, 즐거움 누리기, 공중도덕 지키기, 열정을 갖기, 초청 자리엔 꼭 참석하기, 취미생활에 전념하기, 감사 생활하기, 고루한 생각을 버리기, 내 건강 내가 지키기 등등 좋은 안이 많이 나왔다. 언급한 대로 살면 진정 우아하게 늙어 가리라. 이를 계기로 나는 지난 생활을 뒤돌아보던 중 역사에 등장하는 두 인물이 떠올랐다.

김득신은 조선 중기의 대표 시인이다. 시문집 『백곡집』과 시 비평집 『종남총지』를 남기는 등 오늘날 국문학사에 많은 영향을 끼친 인물이다. 돌머리인 그는 안 되면 될 때까지 부단히 책 읽기에 매진했다. 주변 사람들이 김득신을 바보라고 손가락질할 때에 아버지는 그를 독려하며 대기만성의 교훈을 일깨워 주었다. 그가 많은 책을 읽기도 했지만, 한 권을 수천수만 번 반복하여 읽었다. 『노자전』, 『분왕』, 『벽력금』 등은 2만 번 넘게 읽었고, 『백이전』은 무려 11만 3천 번을 읽었다고 한다. 책에 너무 몰두하여 생긴 웃지 못할 일화가 꽤 있는데 그중 한 가지를 소개해 본다.

김득신이 어느 날, 길을 가다가 글 읽는 소리를 듣고 "저 글이 익숙한데 무슨 글인고?" 하니 하인이 김득신이 매일같이 읽어 자신도 아는데 어찌 모르느냐며 되물었다고 한다. 그 글은 김득신이 11만 3천 번을 읽었다고 스스로 기록한 『백이전』이었다. 김득신의 아둔함이 얼마나 심각했는지 알 수 있는 대목이다. 그러나 칠전팔기의 정신으로 노력하고 또 노력해 마침내 59세, 환갑이 가까운 늦은 나이에 과거에 급제했다. 김득신은 자신의 묘비에 이런 글을 남겼다고 한다.

'재주가 남만 못하다고 스스로 한계 짓지 마라. 나처럼 어리석고 둔한 사람도 결국 이루었다. 모든 것은 힘쓰는 데 달렸을 따름이다.'

아둔함을 이겨 내고 위대한 시인으로 이름을 떨친 김득신과 상반되는 인물로 고사에는 방중영이 등장한다. 평민으로 자란 방중영은 태어난 지 다섯 살이 되도록 글 쓰는 도구를 알지도 못했는데 갑자기 울면서 글 쓰는 도구를 달라고 졸라댔다. 아버지는 이상하다 생각하며 그를 빌려다 주었다. 신기하게 곧 시 네 구절을 쓰고 거기에다 자기 이름까지 썼다. 부모를 봉양하고 집안을 잘 거두겠다는 내용이었다. 이로부터 시제를 주면 중영은 글을 완성하였는데 그 시의 문사나 내용이 모두 훌륭했다.

고을 사람들은 아무것도 모르는 방중영이 훌륭한 시를 짓는 사실을 신기하게 여겨 그 아버지를 손님으로 대접했으며 때로는 돈이나 비단을 내주기도 하였다. 그러한 일에 재미를 붙인 아버지는 날마다 중영을 데리고 고을 사람들을 두루 찾아다녔으나 배움엔 소홀히 하였다. 방중영은 청소년으로 성장하며 그냥 보통

사람이 되어버렸다. 방중영이 누구보다 뛰어난 재능과 총명을 받고 태어났건만 결국 보통사람이 된 것은 교육이 불충분했기 때문이다. 아무리 선천적으로 총명과 재질을 가지고 태어난 사람이라도 배움과 노력이 부족하다면 그 재주를 발휘하지 못한다는 방중영의 인생 이야기가 내 삶의 지침이 된다. 끈기와 노력으로 아둔함을 이겨 내고 뒤늦게 위대한 시인으로 태어나 이름을 떨친 김득신의 성공담은 아둔한 나를 위로한다. 책을 읽거나 배우고 돌아서면 망각의 늪에 빠져들지라도 두 인물을 생각하며 용기를 가진다고나 할까?

나의 일상을 얘기하자면, 이민생활의 여건상, 있는 자리에서 할 수 있는 일을 택하여 작은 일에 봉사하며 이웃과 공동체 안에서 낮은 자세로 소금의 역할과 썩는 한 알의 밀알이 될 수 있게 기도하기를 게을리하지 않는다. 가능하면 이쪽저쪽 양자의 유익을 위해 가교 역할에 힘쓰며 이에 기쁨과 보람을 갖기도 한다. 이러한 나의 일상이 내 안에 녹아들어 문학에 이바지하는 밑거름이 될 수 있기를 소망하며, 내 인생 노을이 곱게 물들기를 꿈꾸어 본다.

(2017년 9월 2일 크리스찬 라이프)

크로눌라(Cronulla) 해변에서

바닷바람이 시원한 크로눌라 해변
청량한 하늘, 바다가 영원을 노래하고
흰 뭉게구름에 꿈이 실린다
깊숙한 푸른 바다 내음

당신이 바라는 행복은 무엇인가요?
어지러울 정도로 빨리 돌아가는 세상
우물쭈물하다 낙오자 될까
빈껍데기의 내가 싫어

쌓은 성벽 안에 갇힌
스스로에서 탈출
문학을 사랑하는 문우들과

새로움 쫓아 나선 길

써온 작품을 합평하며
진지하게 부들부들
철썩이는 파도와 함께 뒹군다.
속도만으로 돌아가는 세상이 아니다

함께 함으로 누리는 이 축복
이 순간의 도전은
행복에 한 걸음 더 다가가고 싶은
발돋움

(2019년 4월 12일 시드니 저널)

『빼앗긴 세대』를 읽고

호주 원주민을 소재로 한 서범석 작가의 단편소설집 『빼앗긴 세대』를 단숨에 읽었다. 개척이라는 이름으로 수만 년 살아온 터전을 잃고 사라져 가는 호주 원주민인 에버리진의 아픔을 외면할 수 없었다는 저자는 이러한 원주민의 삶이 신음하는 오늘날 그들의 아픔에 작은 위로를 보내고 그 실상을 알리고자 네 편의 단편소설로 그려냈다.

주인공인 에버리진의 삶을 구체적으로 그려내며 문제점을 제시한다. 백인들이 총칼을 앞세우고 아메리카,

아프리카, 뉴질랜드 등에서 그랬듯이 호주에도 밀려들어와 많은 원주민들을 죽였을 뿐 아니라, 병원균에 노출 안 된 그들에게 질병을 옮겨 수많은 원주민들이 죽고, 정복자들은 비옥한 땅을 빼앗아 오늘날까지 잘 살고 있다.

그들의 행위는 '타래난초'를 연상시킨다. 황폐한 모래땅 위에 군락을 이루고 있는 '타래난초'는 귀화식물로 기존의 토종식물과의 평화로운 공생보다는 무차별 제 영역을 넓혀 나가며 토종식물을 좀먹는다. 굴러들어온 돌이 박힌 돌을 빼내는 격이다. 한편 그나마 살아남은 원주민들은 현대인과 물질문명에 밀려 차츰 소멸되어 가고 있다. 무고하게 죽음으로 밀리고 땅을 빼앗긴 원주민들을 생각하는 마음이 무겁다.

이는 '그곳에선 나 혼자만 이상한 사람이었다.'는 말로 모간의 소설과 오버랩된다. 저자의 체험을 소설화한 이 이야기는 저자가 자포자기한 인생을 살아가고 있는 호주 원주민들과 함께 일하게 되면서부터 전개된다. 한 원주민 집회에 초대를 받아 참사람 부족(백인들과 타협하지 않은 마지막 집단)이라 일컫는 원주민들 62명과 함께 4개월에 걸쳐 사막 오지를 도보 여행하며 그들의 세계와 만난다.

저 건너편 세상, 우리가 언젠가는 우리 모두 되돌아갈 저 너머의 세계에 대한 것. 진리란 무엇이며 어떻게 살아야 하는가. 자연과 우리와의 관계, 창조성, 본질, 순수, 사랑, 한없는 에너지인 신의 모습 등을 원주민들과 생활을 같이하는 체험을 통해 구체화시킨다.

그들은 대지에 존재하는 모든 것들과 대화 의식으로 하루를 시작한다. 모든 생명은 하나이기에 지구를 파괴하고 서로 해치는 것을 금기시한다. 존재의 모든 것은 목적이 있다고 본다. 식물의 존재 목적은 동물과 인간에게 먹을 것을 제공하고 세상을 아름답게 하는 데 있고 동물의 존재 목적은 대기의 균형을 잡아주며 인간의 친구가 되어주고 돕는 데 두고 있다. 자연계가 산소와 이산화탄소를 주고받는 의미와 동일시한다. 지각 능력이 발달한 그들은 텔레파시를 통해 서로의 대화가 가능하다. 생명의 아름다움과 조화로움을 이루기 위해서는 자신을 솔직하게 다 드러내야 한다. 나를 둘러싼 모든 것들과 화해해야 하며 먼저 나 자신을 용서해야 하고 남을 받아들여야 한다. 자신한테 진실해지고 자신을 사랑하는 것이 얼마나 중요한 것인가.

그들은 인간은 누구나 유일한 존재로 각자는 남이 갖지 않은 자기만의 특성을 갖고 있음을 매우 존중한다. 그 특성이 곧 우리 삶에서 펼쳐 나갈 재능이기에 그 재능을 살려 이름도 짓는다. 예를 들면 '연장 만드는 사람', '바느질 잘하는 사람' 등이다. 남들과 나눈 대화를 두 사람만의 비밀스러운 일로 잘 지켜 붙인 이름이 '비밀을 지키는 사람'이다. 남의 이야기를 잘 듣고, 자신의 기준으로 섣불리 충고하거나 판단 없이 그대로 받아들이는 행위는 모든 이에게 평화를 준다.

토착민인 그들에게 정부에서 내준 땅은 아무짝에도 쓸모가 없는 모래땅이거나 북쪽 지대의 험준한 절벽과 덤불숲뿐이다. 원주민들 소유로 인정된 땅 중에서 그나마 사람이 살 만한 곳은 전부 국립공원으로 지정된 현실이다. 이는 미국에서 백인이 인디언들에게 한 야비한 행위와 다름이 없다. 백인들은 이교도를 개종시키고 영혼을 구원시킨다는 명목 아래 원주민 아이들을 수용소에 넣고 부족의 언어를 배우거나 전통의식을 행하는 것도 금지한다. 이는 자연과 자연 질서의 파괴요, 강자의 횡포다.

과학 기술을 맹목적으로 추구하면서 인간은 무지하게도 모든 생명체를 위험에 빠뜨렸다. 이 상황을 되돌리는 길은 오직 자연에 대한 존경심을 갖는 일뿐이라고 믿는 그들은 정부에서 집 제

공을 받고도 마당에서 잠을 자고 집은 창고로 쓰고 있다.

인간 세계는 항상 이원성이 존재한다. 예를 들면 선과 악, 구속과 자유, 복종과 저항 등이다. 그러나 그들은 모든 사념을 흑과 백으로 분명히 구분하지 않으며 항상 회색을 띤다고 생각한다. 중용의 도를 지킨다.

그들은 전혀 숲을 파괴하지 않고, 강물을 더럽히지 않고, 동물을 멸종위기에 빠뜨리지도 않으며 5만여 년 동안 식량과 안식처를 얻었다. 이제 물질문명에 밀려 오지에서 살 수밖에 없게 된 참사랑 부족은 자기 종족을 더 이상 이어 나가지 않으려 한다. 아니 이어 나가기가 불가해졌다.

원주민들의 삶의 방식과 가치관, 무엇보다도 이 지구를 사랑하는 그들이 사라진다는 것은 각종 공해나 방사능 오염으로 지구가 멸종위기로 가까이 다가가는 것과 동일시된다. 그것은 환경파괴의 심각성, 울창한 살림이 파괴되어 지구상에서 사라질지도 모른다는 것에 대한 두려움이요, 슬픔이다.

"나는 호주의 오지에서 배운 지식을 이용하여 내 남은 인생을 보낼 생각이에요."

말로 모간은 주위의 격려와 후원 속에서 이 체험을 글로 쓰거나 시민 단체, 학교 등 장소를 가리지 않고 원하는 곳이면 어디든 달려가서 자연과 함께하는 원주민들의 삶의 방식이나 그들의 사고에서 터득한 메시지를 전해 주는 메신저 역할을 감당하고 있다. 그녀는 원주민들을 위해 계획한 생활개선 프로그램을 통해 그들에게 삶의 목적을 일깨워 주고 경제적으로 성공할 수 있는 자신감을 심어 주려고 노력한다.

소설 『빼앗긴 시대』의 저자 역시 결국은 원주민들이 사막의 먼지로 떠돌이 삶을 택했음을 믿어 그들을 애도하려고 소설을 꾸며보았다고 피력한다. 그리고 호주 원주민들이 활기를 얻고 살기를 바라는 마음으로, 원주민들만의 꿈이 아닌 호주 위정자들의 꿈, 나아가서는 호주 전 국민의 꿈이 될 수 있는 커다란 프로젝트를 제시하며 '타래난초'가 아닌 원주민과 백인들과의 평화로운 공생의 방식을 제시한다.

이에 깊은 공감을 했기에 나 또한 이 소설을 읽지 않은 독자들을 위해 책의 내용을 축약해 메신저 역할을 자청해 보았다.

이 혼탁한 세상에서 T.S 엘리엇이 현대를 불모의 황무지로 진단하고 원시적 신앙으로써 인간성을 회복해야 한다고 강조했음이 원주민들의 삶에서 새삼 상기되었다.

(2017년 10월 27일 Top신문)

양파 한 뿌리

「양파 한 뿌리」 이 우화는 도스토옙스키의 작품 『카르마조프가의 형제들』에 나온다. 몹시 심술궂고 인색하여 평생 착한 일을 한 적이 없는 노파가 있었다.

그녀가 죽자 악마들이 그녀를 지옥의 불구덩이에 던져버렸다. 수호천사는 그녀를 구제할 거리를 곰곰이 생각하다가 그녀 생애에 있었던 하나의 선행을 기억해 내고 하느님께 고했다.

"노파가 채소밭에서 작은 양파 하나를 캐어 거지에게 준 적이 있습니다."

"그러면 양파를 붙잡고 나올 수 있도록 노파에게 양파 한 뿌리를 주어라."

수호천사는 노파에게 양파 한 뿌리를 던져주며 붙잡고 올라오라고 했다.

노파는 양파를 잡고 올라갔다. 불구덩이에서 나오면 낙원에 들어갈 수 있는 것이다. 같이 있던 다른 죄인들이 그것을 보고 자신들도 올라가려고 그녀에게 달라붙었다. 그녀는 그들을 발로 차며 "이건 내 양파야. 너희 것이 아니라구." 하며 발버둥을 쳤다. 이때 양파 뿌리가 끊어져 노파는 다시 불구덩이에 떨어져버렸다.

여기에서 양파 한 뿌리는 아무리 못된 영혼도 구원받을 수 있다는 가능성을 보여준다. 희망을 상징한다. 그것을 수용하는 정도에 따라 신의 은총을 부여받을 수 있음을 암시한다. 반면 노파가 사람들을 발로 차는 행위는 단절, 교만, 증오, 이기주의를 내포한다. 하나로 엮어주는 사랑이 없으면 '너나 나나' 지옥이 될 수 있다는 의미다.

도스토예프스키는 모든 죄의 근원이 '단절'에 있다고 보았던 것이다. 단체 생활이나 개인 생활이나 삶을 하나로 엮어주는 것이 빠진다면 그곳이 지옥이 됨을 자각하게 한다. 살다 보면 어처구

니없는 일을 당하여 절망할 때가 있다. 인간 사회 즉 소속된 단체에서 초래된, 억울한 말을 듣게 되거나 내 뜻과는 무관하게 힘든 일을 만난다.

이럴 때는 번잡한 외부와의 관계를 끊고 내 안에 머물며 조용히 지내면 이런 어려움은 없을 텐데 하는 생각이 든다. 현실 도피나 주어진 역할을 포기할까. 하는 유혹을 받기도 한다. 어떻게 처신해야 하나.

나는 '양파 한 뿌리' 우화를 떠올리며 다가온 어려움을 수용하고, 본의 아니게 유발된 소소한 사건으로 너와 나를 잇는 관계의 단절은 말아야지 하고 결심을 결국엔 굳히게 된다. 누군가가 도움의 내 손길을 원할 때 단체에 유익이 되고 양자를 이어주는 교량역할이 그들에게 도움이 된다면 이어주어야 되지 않겠는가. 내민 손을 맞잡아 줘야 되지 않겠는가.

바야흐로 십자가의 고통을 바라보는 사순절이다. 사순절(四旬節, Lent)이란 기독교에서 부활절까지 주일을 제외한 40일의 기간을 말하며 부활절을 기다리면서 신앙의 성장과 회개를 통한 영적 훈련의 시기다. 나 자신의 죄를 대속(代贖)하기 위해 십자가에 달려 고난을 당하신 예수님의 죽음을 묵상하는 시기다.

'인생은 70부터!'

인간수명 100세 시대에 떠도는 구호다. 이제 나는 그 출발선을 넘어서고 있다. 남은 세월을 어떻게 보내야 할 것인가. 나는 지금 무엇을 바라보며 어디를 목표로 걸어가는가. 「양파 한 뿌리」가 의미하는 우화는 사순 시기를 보내고 있는 이 시점에 내가 향할 길을 안내한다.

(2018년 3월 16일 Top신문)

운정 호숫가에서

운정 호숫가에
모차르트가 흐른다

노오란 유채밭
애잔한 야생화가 평화롭다
평상에 누워 푸른 하늘에 풍덩 빠져본다

흰 뭉게구름은 꿈을 싣고
갈대숲에 가린 분수는
홀연히 안개로 피어나 꿈을 나른다

하늘에 흐르는 선율
나무와 풀꽃

바람에서도 흐른다

오늘처럼 모차르트가
올 때면
찾아오는 애절한 추억

어머니를
그리운 이를
안개꽃 추억으로 만나며
마음 여행은 계속될 것이다

(2017년 6월 24일 Top신문)

어머니의 요강

우리집 앞 정원엔 목단꽃 그림이 양각으로 새겨진 순백 도자기 요강이 햇빛과 비바람 속에서 흑법사(선인장)를 품어 키우고 있다. 이 요강은 어머니가 시집올 때 가지고 오신 것이다. 식구들의 무관심 속에 친정집 꽃밭 한편에 놓여 있던 것이 유독 내 눈길을 끌어 이민 짐에 실려와 지금은 흑법사를 그 품에서 키우며 제 몫을 달리하고 있다.

옛날 뒷간(화장실)은 집과 떨어져 있어 몸이 불편하거

나 어두운 밤이면 소변을 보러 가기가 불편했으므로 요강을 주로 사용했다.

요강은, 대체로 수세식 변기가 집 안에 있는 요즘에는 흔치 않은 물건으로 지난날에는 없어서는 아니 될 중요한 오줌단지였다. 한자를 빌려 요강(溺鋼, 溺釭, 溺江)으로 쓰기도 하며, 설기(褻器)·수병(溲甁)·야호(夜壺) 등으로 부르기도 하고 방언으로 오강이라 부르기도 했던 요강은 시집갈 때 혼수품으로 세숫대야와 함께 우선했다. 놋쇠로 만든 놋요강은 일제시대를 통하여 사기요강으로 대체되었고, 한때는 스테인리스로 만든 세숫대야와 요강이 유행하기도 했었다. 놋요강은 뚜껑이 있는데 규방의 용기로 주로 사용했고, 오동나무로 깎아 옻칠한 것은 휴대용이나 서재용으로, 쇠가죽으로는 기름을 먹여 만들기도 했다고 전한다.

일전 신문에서 신비한 요강바위 탐방길 조성으로 10km 구간에 수변을 따라 교목이나 관목을 심어 탐방객들에게 휴식공간과 수변 완충 경관개선을 꾀하는 기본 사업을 진행한다는 기사를 읽었다. 요강바위를 중심으로 오랜 세월 동안 물살을 견뎌온 바위들이 기이하고 아름다운 풍경을 이루고 있어서 탐방객들의 발길이 끊이지 않아 그들을 위해 길을 조성한다고 했다.

요강바위는 그 마을 사람들이 수호신처럼 생각하는 돌이다. 높이 2m, 폭 3m 무게가 20톤에 달하며 가운데 홈이 움푹 파여 마치 요강처럼 생겼다고 해서 요강바위로 불린다. 도난당했다가 1년 6개월 만에 제자리로 돌아온 이 바위에는 아이를 못 낳은 여인이 움푹 파인 구멍에 들어가 치성을 드리면 아이를 얻는다는 신비로운 전설이 깃들어 있기도 하다.

통천보에 수구렁이와 암구렁이가 사이좋게 살았었다는 전설이 내려온다. 암구렁이는 산 중턱 큰 바위 아래에 살았고, 수구렁이는 좀 떨어진 산의 바위 아래에서 살았다. 어느 날 구렁이보다 몇 배 큰 지네가 통천보 속으로 들어와 버텼다. 암구렁이를 만날 수 없게 된 수구렁이가 지네와 싸우다가 그만 지네에게 물려 죽었다. 암구렁이는 너무나 슬퍼서 바위에 올라가 눈물로 세월을 보냈는데 그때 흘린 눈물이 바위에 고여서 요강만 하게 파였다고 요강바위라 부르게 되었다고 한다.

요강을 가게에 놓아두면 장사가 잘된다는 설을 듣거나. 요강을 집에 두면 부귀영화를 가져다 준다든가, 요강바위 전설을 보건대 요강이 우리 일상과 아주 신비롭게 밀접함을 새삼 알게 된다. 그 요강이 호주로 이민을 온 주인을 따라 지금 우리집 정원에서 그

몫을 달리하고 있다. 내방객들은 흑법사가 몸담아 자라고 있는 것이 요강임을 알아볼 때면 신기해한다.

조선 후기 때, 정약용이 함께하는 '죽란시사'(竹欄詩社)라는 시인의 모임이 있었다. 살구꽃이 처음 피면 한 번 모이고, 복숭아꽃이 피면, 초가을 서늘할 때 서지(西池)에 연꽃이 피면, 국화가 피면, 큰 눈이 내리면, 세모(歲暮)에 화분의 매화가 꽃을 피우면, 그때마다 모여 술, 안주, 붓, 벼루 등을 갖추어 술을 마시며 시를 읊었다는데….

이제 나는 이 요강을 깨끗이 부시어 한 바리 가득 꽃이나 열매 맺은 가지를 꽂아 거실에 놓을 생각이다. 가을에 붉은 동백꽃이 피면, 봄에 목련이 꽃망울을 터트리면, 아니 아젤리아가 먼저 피겠지? 감, 대추의 열매가 익어 가면, 비파나무가 노오란 열매를 맺으면, 오렌지가 주홍빛 열매를 주렁주렁 매달면 깨끗이 부슨 요강에 맑은 물을 가득 채우고 그들 가지를 한아름 꺾어 꽂으며 어머니를 그리는 노래를 부르리. 요강을 집 안에 두면 부귀영화가 찾아온다는데 이 늦은 나이에 어떠한 복이 찾아들려나?

혹 꿈길에서 그립고 그리운 어머니를 뵈올 수 있을는지.

(2019년 월간 비즈니스)

바람이 분다

차가운 비는 창문을 두드리고 바람이 부는가. 만개한 자목련 꽃잎이 마음속에도 흩어져 내린다. 내가 그녀의 전화를 받은 것은 그날 오후였다. 침울하게 가라앉은 그녀의 목소리에는 빗물 같은 슬픔이 아른아른 배어 있다. "우리 한번 만날까?" 말꼬리를 올려 여운을 두는 그녀의 말투에서는 직접 만나 사연을 이야기하고 싶다는 듯한 진한 뉘앙스가 풍겨왔다.

혼스비에서 만난 우리는 굽이굽이 쳐 흐르는 북한강의 깊고 푸른 물과 아기자기한 산으로 어우러진 경춘가

도와 흡사한 전철로를 달려 고스포드로 향했다. 우리는 카페에 들어가 커피를 앞에 두고 마주 앉았다. 비안개가 어려 있는 유리창을 등지고 앉아 흰머리와 주름살을 드러내 보이는 그녀의 얼굴엔 고뇌의 빛이 서려 있다. 말이 없던 그녀가 한숨 섞인 말을 토해낸다. 그녀는 성실하고, 진실되고, 의리심 있는 남자를 만나 일남 일녀를 두고 행복한 가정생활을 꾸려왔다. 성격이 까다롭고 잔소리형인 남편이지만 성실, 진실하고 의리심이 있어 그 정도는 참을 수 있었다. 누가 남편에 대해 물으면 누구 앞에서나 그리고 내 앞에서까지도 남편은 내 기대를 배반 안 했다고 남편 자랑을 했다. 이젠 애들도 제 가정을 꾸려 안정된 생활을 하고 있고 그래서 남은 인생도 안전 궤도를 달리나 보다 했으나, 우연한 일로 청천벽력 같은 비밀이 드러났다. 그 믿었던 남편이 바람둥이였다는 사실을 알게 된 것이다.

결혼 생활 40여 년이 지나간 이제야…. 그녀가 가졌던 남편 신뢰의 벽은 '우르르' 무너져 내렸다. 그 배신감으로 잠을 못 이룬다고 했다. 자신이 못난 탓이라고도 했다. 그것도 마누라가 시퍼렇게 살아 있는 신성한 가정 안에서, 어린아이들이 자라고 있는 한 공간에서… 바람이 드러난 남편은 '과거를 자꾸 들춰서 어쩌겠다구, 내가 성병을 옮겨오기를 했나. 애를 낳아 데려오기를 했나 하고 과거에 자꾸 집착하는 걸 보니 아마도 당신이 치매기가 있나 보다'며 염장을 질러댄다고 했다. 너무나 천연덕스럽게 대응하니 더 기가 찰 노릇이라고 했다. 이런 경우 나는 어떻게 해야겠냐며 눈물을 쏟는다. 어떻게 복수를 해야 할까 고심 중이라고도 했다.

복수? 하니 생각나는 이야기다. 남편의 바람으로 속을 썩고 살던 한 선배는 '너 늙어봐라' 벼르며 남편 노환으로 몸져누울 때 목말라 물 달라고 하면 걸레에 물을 흥건히 묻혀 남편이 누워 있는 침상 위에 걸어 놓고 '똑똑' 떨어지는 물을 받아먹게 한다고 별렀으나 그녀는 남편보다 먼저 저세상으로 가버렸다. 그래도 병상 중에 떠난 그 여인을 끝까지 곁에서 지켜주던 이는 원수 같던 그 남편이었다. 자존심 강한 그녀는 복수도 못해 보고 남편에게 "고마워요. 고마워요!" 하고 떠나갔다.

어떤 세미나장에서 강사로부터 들은 또 다른 이야기다. 남편의 바람으로 힘든 생활을 겪은 여인, 지금은 서정주의 「국화 옆에서」에 등장하는 '거울 앞에 돌아선 내 누님같이' 가정으로 돌아온 남편이지만 도저히 용서가 안 되고 그 분이 풀리지를 않아 남편이 자고 있는 면상에 주먹을 날렸다는 이야기다. 어떤 이는 맞바람을 피워 복수했다는 경우도 보았으며 또 어떤 이는 잠자는 남편 옆에서 칼을 갈았다는 이야기도 들었다. 바람둥이 남편으로 괴로워하는 여인들의 인생 막장 드라마를 듣고 보며 나는 가슴에 저려 오는 통증을 느낀다.

'미투' 사건으로 우리는 가정이 깨지거나 인격이 추락하고 결국엔 자살로 치닫는 사건을 종종 본다. 들통나면 추락할 것이 뻔한데 왜 그들은 이런 추악한 죄악을 저지를까? 지켜야 할 성 윤리나 본래의 사명을 잃고 정욕에 빠져들었기 때문이다. 정욕에 빠진 남자들은 그 죄가 가져올 사회적 추락, 가정파괴, 인격파괴 그리고 아내의 가슴속에 싹트고 있는 멍든 상처들을 생각하지 못하는지. 자식들 앞에 어떻게 얼굴을 들려는지. 나는 배신감으로 치를 떠는 그녀의 손을 부여잡고 그 아픔에 같이 눈물을 흘렸다.

바람이 분다. 차가운 비는 창문을 두드리고 만개한 자목련 꽃잎이 내 마음속에도 흩어져 내리는가.

(2020년 7월 16일 Top신문)

한 송이 국화꽃이 피듯

노란 국화꽃이 드디어 만개했다. 지난해 이맘 무렵 글렌헤븐에 사는 지인 댁에 놀러 갔을 때 앞 정원에 핀 노란 국화꽃이 우리를 반겨주었다. 그 아름다움에 눈을 못 떼는 나에게 주인장이 꽃을 몇 가지 꺾어 주었다. 뒤 정원에 꺾꽂이한 국화가 고맙게도 뿌리를 내려 물을 주고, 거름을 주고, 가꾼 것이 꽃을 피우기 시작한 것이다.

조그만 풀꽃인 생명체나 심지어 무생물인 돌 한 개까지도 참 신비롭다. 나락 한 알 속에도 우주가 있다 하지 않던가. 국화꽃 한 송이 한 송이에도 정말 우주가 숨어 있듯 신기하고 아름답다. 예부터 국화는 그 고결한 자태와 향기로 수많은 꽃 중에 으뜸으로 쳐왔다. 그런 까닭에 매화와 난과 대나무와 함께 사군자(四君子)의 하나로 절개와 지조로 상징되고 있다. 중양절(명절, 음력 9월 9일)에는 불로장생(不老長生)의 꽃이라 하여 국화 술을 담그고 전으로 부쳐 먹는 풍습도 있었다고 전한다.

정원 한 귀퉁이에서 국화 향이 맴돈다. 국화 꽃 몇 송이를 꺾어 집 안으로 들어온 나는 서정주 시인의 「국화 옆에서」 가곡을 틀었다 '한 송이 국화꽃을 피우기 위해…'로 시작되는 테너 엄정행의 노래가 가슴을 훑으며 국화 향과 어우러진다.

한송이 국화꽃을 피우기 위해 봄부터 소쩍새가 그렇게 울고 천둥이 치고 무서리가 내렸듯, 탄생(새로운 시작 또는 결실)을 위해서는 전 우주적인 참여가 있다는 뜻을 그 시구에서 읽어본다. 탄생은 어느 것이나 치열한 생명 창조의 경로를 밟는 다는 것을 시인은 개화를 통해 말해주고 있다.

우리 부부 출판기념회를 가지며 한국, 시드니에 흩어져 살고 있는 2남 1녀 며느리, 사위, 손자 등 온 가족이 모처럼 한자리에 다 모였다.

때맞추어 음이온을 다른 식물의 30배 이상 발생시키고 밤에도 이산화탄소 작용을 하며 가전제품에서 발생되는 양이온을 중화해주는 기능이 있다 하여 실내 곳곳에서 키우는 산세베리아가 하얀 꽃망울을 여기저기서 터트렸다. 뒷 정원에서는 유카나무가 1미터 정도나 되는 아이보리색 꽃을 뭉실뭉실 피워내고 또 다른 선인장 종류의 큰 나무는 씨앗을 심은 지 27여 년 만에 꽃대를 7미터나 쑥쑥 올리고 꽃을 피우기 위한 용트림을 한 달 넘어 하고 있다.

축하의 의미인가? 남편이 팔순이고 결혼 50주년 기념 해라 걸어온 길을 뒤돌아보고 인생 마무리 차원에 뜻을 두었는데, 그에 걸맞게 집 안팎의 식물들이 기다렸다는 듯 탄생의 절정을 보여준다

우리가 이 자리에 오기까지 격정과 번민과 시련이 어찌 없었을까.

'그리웁고 아쉬움에 가슴 조이던 머언 먼 젊음의 뒤안길에서 이제는 돌아와 거울 앞에 선 내 누님같이 생긴 꽃이여'라는 시구에선 방황 끝에 본연의 자세로 돌아온 누님을 본다. 거울 앞에

선 누님은 인생의 봄과 여름을 지나 늦가을로 접어든 여인이다. 이 누님에게 희비애락을 겪고 넘어 영면을 앞둔 우리 부부의 모습을 비추어 봐도 되는 것인지. 걸어온 길을 뒤돌아보고 인생 마무리 차원에 뜻을 둔 출판기념회가 실내와 정원에 핀 꽃들과 어우러져 한 송이 커다란 꽃으로 피었다고 비유한다면 그 꽃 한 송이가 소쩍새와 먹구름과 무서리로 시인이 피어낸 한 송이 국화꽃에 비견해도 되는 것일까?

바람이 불고 스산하다.

푸르른 하늘이 아름답다 못해 시린 이 가을에 마음에 파고드는 「국화 옆에서」의 노랫말을 음미해 본다.

한 송이의 국화꽃을 피우기 위해
봄부터 소쩍새는
그렇게 울었나 보다.
한 송이의 국화꽃을 피우기 위해
천둥은 먹구름 속에서
또 그렇게 울었나 보다
그립고 아쉬움에 가슴 조이던
머언 먼 젊음의 뒤안길에서

인제는 돌아와 거울 앞에 선
내 누님같이 생긴 꽃이여
노오란 네 꽃잎이 피려고
간밤엔 무서리가 저리 내리고
내게는 잠도 오지 않았나 보다.

(2018년 4월 20일 Top신문)

숲의 정경

4월로 접어드는 햇살 속엔 가을빛이 감돈다. 무심한 세월이 던져주는 공허감에 로베르트 슈만의 「숲의 정경」이 채워 든다 오랜 기간 벼르기만 했던 유언장 작성을 위해 변호사 사무실을 다녀왔다. 30여 년 전 이민을 와서 집을 장만할 때 유언장을 작성하기는 했으나 약간 수정을 하여 다시 작성을 하게 된 것이다. 변호사 사무실을 나오며 무거움과 가벼움의 연속이었던 내 인생 드라마에 종점을 찍는 듯한 정리감과 안도감이 엄습해 들었다.

세월의 속도는 나이와 반비례 되어 흐른다고, 10세 어린이는 달구지처럼 천천히 10킬로미터 시속으로, 20세 젊은이는 자전거를 타고 가듯 20킬로미터 시속으로 달리다 보니 가속도까지 붙어 순식간에 50세에 이르고, 60세의 인생 속도는 KTX나 비행기처럼 자고 일어나 눈을 몇 번 깜박이면 나이 한 살 더 먹을 정도로 빠르다는 말이 책에서 나오는 우스갯소리만은 아닌 것 같다.

2020년 한 해의 시작이 엊그제 같건만 경자년 세월호는 벌써 4월로 치닫는다. 춘하추동 사계절의 순서는 절대로 착오가 없구나. 우주의 대 법칙, 대자연의 질서에는 추호도 거짓이 없고 부조리가 없어 순리에 따라 태어나는 모든 사물은 덧없이 결국 죽는다.

마음의 공허가 이같이 가슴속에서 풍선처럼 차오를 때면 나는 역사의 무대에 엑스트라처럼 등장했다, 소리 없이 스러져 간 숱한 인물들의 삶의 자취를 더듬으며 생각에 잠기게 된다. 그들 역시 인생행로의 이런저런 고뇌와 번민으로 한세상 머물다 흔적 없이 사라지지 않았는가.

내친김에 카슬부룩(Castlebrook)으로 향했다. 그곳에 삶을 마무리하고 안주할 유택을 마련해 두었기 때문이다. 초록빛으로 채워 든 넓은 묘원 안에서 유택으로 점찍어 둔 곳은 그중 시가지가 내려다보이는 높은 곳에 위치해 있다. 비록 시신은 화장하여 땅 속에 갇히나 마음을 탁 트이게 하는, 멀리 펼쳐진 푸른 하늘과 흰구름에서 자유로움을 느꼈고 단지 안에 세워 놓은 천사들의 하얀 조각상이 평화스러움을 안겨주었기 때문이다.

마침 새로운 전철선이 그곳까지 개통되어 승용차 편이 아니면 갈 수 없던 곳을 대중교통을 이용해 묘지 방문이 가능하게 되어 답습 차 발걸음을 옮겨 본 것이다. 6살 연상인 남편은 늘 '자기가 먼저 떠나면'이라는 전제로 말을 잇는데 이번도 예외는 아니어서 자기가 먼저 떠나면 이제 당신 혼자라도 전철을 타고 방문이 가능하다는 말을 놓지 않는다.

"우리에겐 이 집이 마지막으로 안주할 좋은 집이야."

앞으로 주위가 숲의 정경으로 휩싸인다면 더할 나위 없이 좋으리.

오랜 방황 끝의 귀환인 무덤은 죽은 자의 저택이요, 묘비명은 그의 문패와 이력서인 셈이다. 이제 마지막 내게 남은 것은 비문이다. 요즘 유행하는 가장 인간다운 자신의 삶 관리 차원으로

‘미리 유언 쓰기’, ‘자신의 묘비문 미리 써 놓기’ 등의 방법이 소개된다. 그런 것을 쓰는 가장 큰 이유는 삶의 후회를 덜하고 편안하게 죽음을 맞이하기 위해서라고 한다. 묘비문은 그 인생의 이력이자 그가 남긴 삶의 결정체라고 할 수 있을 것이다. 자신의 확고한 의지를 담은 묘비문을 미리 써 놓고 그 의지대로 살려는 사람도 있고, 그가 직접 남기지는 못했지만 그의 인생 궤적을 지켜본 사람들이 그가 남긴 삶의 엑기스를 뽑아 만든 묘비문도 있을 수 있겠다.

영원한 명성을 위해 무덤을 치장하고 묘비를 세워 죽은 자의 일생 업적을 새겨 놓는 작업. 나 자신의 묘비문엔 어떤 글을 새겨 넣을까?

아니면 어떤 글을 새겨 주도록 청할까?

불지 않으면 바람이 아니고 가지 않으면 세월이 아니매 늙지 않으면 사람이 아니냐고, 늙어 죽은 자는 침묵하지만 묘비명은 그 사람을 얘기해 준다. 기억에 남는 묘비명을 언급해 본다.

‘일어나지 못해 미안하다’ - 헤밍웨이

‘살고, 쓰고, 사랑했다’ - 스탕달

걸음을 멈추고 햇살 맑은 하늘을 바라본다. 아직 완성되지 않은 내 밑그림은 저 구름에 가려 있다. 산하(山河)에 묻힐 나, 남은 소원, 내 삶의 지침 등은 아직 남겨 있다. 밤이면 하얀 달이 깜깜한 하늘에 솟아올라 묘지를 밝혀주겠지?

슈만의 「숲의 정경」이 캐슬부록 묘원을 등지고 나오는 발걸음에 계속 흘러내리고 숲 아래 기찻길에는 뭇 인생들의 여정을 담은 전동열차가 힘차게 달리고 있다.

(2020년 3월 23일 시드니 저녁)

허물 벗기

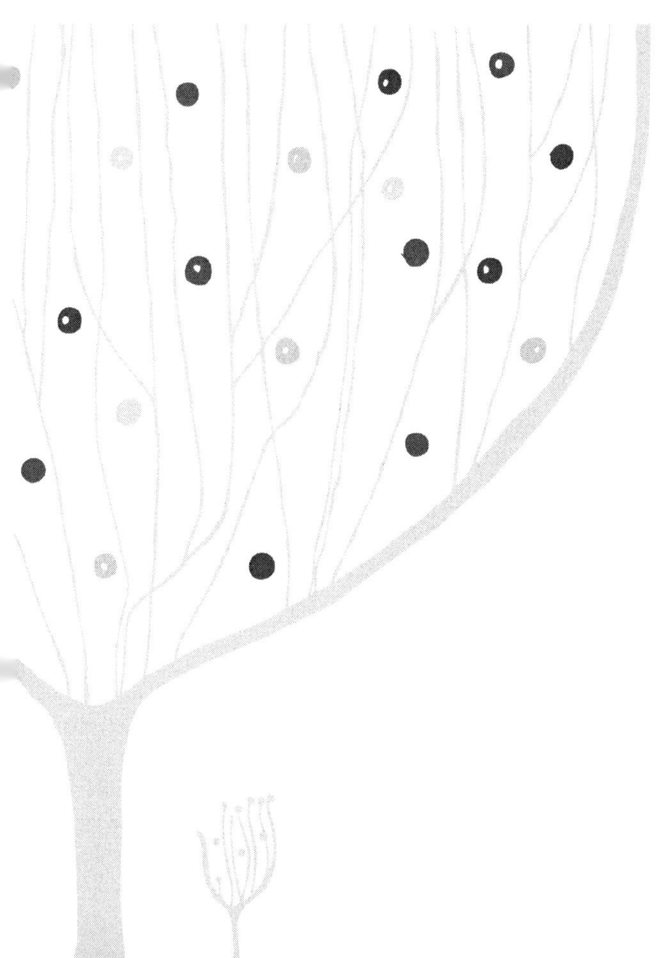

지구별

홀로는 외로워
공명(共鳴)하는 화음
도 레 미 파 솔 라 시 도
아름다운 조화를 이룬다

밤하늘에 흐르는 별똥별
쏟아져 내리는 영롱한 빛
은하의 불꽃놀이는
영원으로 가자는데

우주 속 작은 점 푸른색 지구별
핵폭탄 위협으로
흔들흔들~ 흔들흔들~

종말을 재촉한다

진정 모두를 둥글게 아우르는
평화로운 지구별 될 날 언제려나

스산한 가을밤
북녘땅의 비핵화로
세계 평화 염원하는 나의 바람
빛무리 고운 은하군단에 머문다

(2018년 6월 1일 Top신문)

길 위에서 희망을 붙들다

'희망이란 본래부터 있다고도 할 수 없고 없다고도 할 수 없다. 그것은 마치 땅 위의 길과도 같은 것이다. 사실 땅 위에는 본래 길이 없었다. 걸어가는 사람이 많아지면서 곧 길이 된 것이다.' 루쉰의 소설 「고향」 마지막에 나오는 대목이다.

저자인 루쉰은 중국이 낳은 대문호로 1881년에 태어났다. 1936년 사망할 때까지 문학을 통해 민중을 각성시키고 변혁시키기에 심혈을 기울였다. 당시 중국은 엄청난 혼란의 시기였다. 민중이 깨어나지 않으면 이런 난국에서 헤어나올 수 없다고 생각한 루쉰은 국민당(장개석)과 공산당(모택동)의 투쟁 속에서 그 어느 곳에도 얽매이지 않은 자유주의자로, 민중의 편에 서서 우매하고 찌들은 민초들의 삶을 그려냈다. 그중 한 작품이 「고향」이다.

"창문이 하나도 없고 무너뜨리기 어려운 무쇠로 지은 방이 있다고 하세. 만일 그 방에서 많은 사람이 잠이 들었다면 얼마 지나지 않아 숨이 막혀 죽을 게 아닌가. 그런데 이렇게 혼수상태에 빠져 있다가 죽는다면 죽음의 슬픔을 느끼지 않을 거네. 지금 자네가 큰 소리를 쳐서 잠이 깊이 들지 않은 몇몇 사람을 깨워 그 불행한 사람들에게 임종의 괴로움을 맛보인다면 오히려 더 미안하지 않은가?"(루쉰 소설 전집 P15)

옛 친구 진신의 충고에 "그러나 몇 사람이 깨어 일어난다면 이 쇠로 된 방을 부술 수 있는 희망이 없다고 말할 수 없는 걸세." 루쉰이 포기하지 않고 우매한 민중들을 깨우치려는 의지와 희망을 보는 대목이다.

루쉰은 가고 없으나 영원한 등불로, 중국인들의 근면과 민족적 사상은 루쉰의 영향을 많이 받고 있다고 한다.

주인공은 20년 만에 고향을 찾아간다. 몰락한 가문의 재산을 처분한 뒤 어머니와 어린 조카 홍얼을 데리고 자신이 살고 있는 곳으로 떠나기 위한 귀향이다. 그러나 찾아간 고향은 그가 늘 그리워하던 고향이 아니었다. 그를 기다리고 있는 것은 쓸쓸하고 처량해 보이는 황폐한 마을이었다. 그리워하던 고향은 그저 마음의 공간에 머문. 주인공의 마음에 각색된 고향이었다.

어릴 적에 어울려 놀던 룬토가 다섯째 아들 '쉐이성'을 데리고 찾아온다. 룬토는 생기 넘치던 소년 때의 모습이 아니었다. 주름살이 깊게 파이고 누르스름한 회색빛이 도는, 고생에 찌든 얼굴이다. 신분과 빈부 격차를 떠나 형님 동생 하던 호칭 대신 룬토는 "나으리!"라고 부르며 허리를 깊이 숙인다.

아이들은 늘고(6명) 해마다 흉년이 드는 데다 과중한 세금, 관료와 지방 토호들의 등쌀에 생활이 쪼들려 살기 힘들다고 말하는 룬토와의 재회는 서먹하다. 이 말은 하층 민중의 삶을 대변하는 말이다. 룬토에게서는 그 어떤 호방함도, 희망도 이젠 찾아볼 수 없었다. 어른들의 권유로 쉐이성과 홍얼은 가벼운 발걸음으로 놀러 나갔다. 자연을 많이 가르쳐주던 룬토와 그의 어릴 적 모습과 흡사하다.

조상 대대로 내려오던 집과 가재도구를 처분한 뒤 그는 노모

와 룬토를 데리고 배에 올랐다. 처연하고 서글펐다. 인정이 흐르던, 맘껏 뛰놀던 고향은 찾아볼 수 없고 착취당하여 가난한 사람들만 남아 궁핍한 땅이 되어 버린 곳, 그곳을 떠나는 그는 참담한 심정을 달래며 깊은 밤 뱃전에 누워 생각에 잠긴다.

바닷가에 끝 모르게 펼쳐진 모래톱을 바라보고 쪽빛 하늘에 걸린 둥근 달을 쳐다보며 비몽사몽간에 생각했다. 희망이란 무엇인가? 민중들이 절망 않고 일어서 걸어 나가는 것. 신랄한 세태 비판은 절망의 장막을 찢고 희망을 보여주기 위한 것.

당시 중국은 역사 이래 가장 큰 변화, 진통을 겪고 있었다. 중국이 앞으로 어떻게 변화해 갈 것인가? 여전히 봉건적 인습과 착취가 만연한 사회를 벗어나고자 하는 민중들의 희망은 어떻게 될 것인가?

그는 독백한다. 길이 있는 것이 아니나 가고자 하고 가는 사람이 많아지면 그것이 길이 되는 것이라고. 같이 희망을 가지고 더 나은 세계로 나아가자고.

루쉰의 외침은 모순과 부조리에 휩싸여 허덕이는 현재의 시대를 향하기도 한다.

인류가 처음부터 미래를 향한 길이 나 있어 그 길을 걸어온 것은 아닌 것이니. 한 발자국씩 내딛다 보면 길이 생기게 되고,

그 길은 절망에서 승리한 희망일 것이니.

먼 길 휘돌아 나날 한 획을 긋는 삶을 짊어지고 나도 한 발자국씩 내딛으며 나의 길 위에서 희망을 붙든다.

(2020년 6월 26일 시드니 저널)

독후감 대회 심사 소감

이번 독후감 대회를 개최하는 행사를 대하며 우선 해외동포의 한 사람으로 깊이 감사드립니다. 책을 통해 한인동포 2세인 청소년들이 조국의 역사와 한글문화를 배움으로써 애국심을 고취시키고 올바르고 건전한 사고력과 가치관을 형성하는데 이바지한다는 점에서 의미를 깊게 하기 때문입니다.

독후감 심사 기준은 책의 내용을 잘 이해하였는가. 책을 읽고 난 후의 의지나 다짐 등 창의적인 사고를 전달하고자 하는 내용이 명확한가. 바른 언어와 정확한 문장을 사용하였는가. 맞춤법이나 띄어쓰기가 잘 되어 있는가에 심사 기준을 두었습니다.

나이에 걸맞은 표현력이나 문장력 등 응모한 학생다운 눈높이에 맞는 것에 가치를 두고 심사를 했습니다.

독후감 아닌 글들이 있었는데 작품성이 있어도 행사의 뜻에 맞지를 않아 심사에서 제외되었음을 아쉽게 생각합니다.

다음 응모 시에는 유념하여 독후감을 제출하기 바랍니다.

말초신경을 자극하는 재미있는 영화나 드라마, 비디오게임 등이 도처에 넘쳐나는 세상에 책 읽기에 우선한다는 것은 지극히 권장할 만한 일이라 응모한 모든 청소년들에게 힘찬 박수를 보냅니다.

대체적으로 잘 써서 응모한 학생들이 기특하고 우열을 가리기가 어려웠고 모두 상을 주고 싶은 마음이었습니다.

들어온 글 중 대상에 뽑힌 정채원 학생의 '전(傳)을 범하다'는 책을 통해 권선징악의 고정관념을 벗어나 앞으로 무엇을 하던지, 또 어떤 경험을 하던지 다양한 시각과 관점으로 새롭게 사물을 보겠다는 결론까지 끌어낸 점에 높은 점수를 주며, 심사위원들의 생각이 일치해 대상으로 뽑는 데 주저하지 않았습니다.

청소년들의 얼과 가치관을 대양주 안에서 키우고 전파한다는 의미에서 독후감 대회의 장을 마련해준 대양주문화예술재단 주최 측과 주관해 주신 사단법인 해외동포 책 보내기 운동협회 측에 다시 한번 심심한 감사를 전하며 심사소감에 대신합니다.

감사합니다.

테라스의 새벽

뜰이 젖어 있다
지평선까지 아슴푸레한 정경

비 오는 날을 좋아하는 까닭은
마른 마음 때문이어라

뎅그렁~ 뎅그렁~
뜬눈으로 지새웠을 저 풍경

밤새
비 내림이 지켰을까

비가 순수로

풍경 소리로

가만가만 스며드는
테라스의 새벽

허물벗기

텃밭에서 뜯은 깻잎, 비듬나물, 쑥. 상추 등 채소를 소쿠리에 담아 들고 카타리나 댁을 방문했다. 반가워하는 그녀는 차 한잔을 나눈 후 벽면에 시원하게 설치된 수족관으로 나를 안내한다. 그리고 확대경을 들이대고 나에게 보기를 권했다. 확대경 속엔 배 쪽에 좁쌀만 한 새끼를 무수히 거느리고 느릿느릿 기어다니는 가재 한 마리가 보였다. 그간 어미 가재가 품고 다니던 알이 부화한 것이다. 진기한 모습이었다.

며칠 후 카타리나 댁을 다시 방문하게 되었다. 궁금

하여 다시 들여다본 확대경에는 티끌 같던 새끼들이 그동안 자라서 물속을 자유롭게 유영하는 모습이 비쳤다. 가재는 동족도 잡아먹는 잡식성으로 새끼도 마다않고 잡아먹는지라 어미는 다른 어항으로 추방당하여 보이지 않았다. 가재는 영역 개념이 확실한 습성이 있어 좁은 공간에 여러 마리 키우는 것은 금물이라고 하며 부득이 같이 키울 때는 은신처를 마련해 주어야 한다고 했다.

며칠 후 카타리나가 점심을 같이하자고 또 집으로 불렀다. 그렇잖아도 가재가 궁금하던 터였기에 방문 발길에 바람이 일었다. 이번엔 그녀가 다른 어항에서 먼저 것과 똑같은 가재 한 마리를 보여주지 않는가. "가재를 또 사 온 거야?" 나의 물음에 카타리나의 웃음이 묘했다. 자세히 살펴보니 그것은 어미 가재가 벗어놓은 허물이었다. 몸체보다 커 보이는 집게발까지 망가지지 않고 어떻게 저렇듯 허물을 벗어낼 수 있을까.

허물벗기가 어디 가재뿐이랴. 뱀 같은 파충류나 매미 같은 곤충류에서도 허물벗기를 본다. 그들은 허물을 벗으며 몸체가 커지고 몸무게를 불린다고 한다.

우리는 한세상 살면서 참 많은 일들을 만난다. 중년기나 노년기의 전환점에서 한 단계 업그레이드된 삶을 시도하지 않으면

퇴행으로 역행하고 무기력감에 빠지기 쉽다. 이때 도약할 힘이 결여되면 몸이 아프거나 우울증에 빠지기 쉽다. 나는 불혹의 나이 40을 넘으며 제2의 사춘기를 무겁게 앓았었다. 돌이켜 보면 그때가 내 인생 제2의 전환점이 아니었나 생각을 해본다. 방황 끝에 귀의한 카톨릭 교리를 받아들이며 새로운 가치관을 확립할 수 있었다. 나의 허물벗기였던가?

마크 네포의 『고요함이 들려주는 것들』에서 보면 초기 인류는 허물벗기가 불멸성을 가져다준다고 믿었다고 한다. 그 한 예로 수 세기 동안 북보르네오의 두순족은 신이 세계를 창조하고 나서, "자신의 허물을 벗어 던지는 자는 누구든 죽지 않으리라." 선언했다고 믿었다. 단단해진 자기 울타리 그리고 허물을 벗어야 새로운 세상으로 나올 수 있다는 얘기일 것이다.

이제 나는 노년기에 접어들었다. 노인들은 질병고와 빈곤고, 무위고에 덧붙여 고독고로 힘들어한다. 가난과 아픔의 고통에서 벗어날 수 있다 해도 고독이야말로 이겨 내기 힘든 큰 고통이 아닐 수 없는 것이다. 살아가며 받는 마음의 상처를 남 앞에 드러내기가 어디 쉽던가. 이런 때에 흔히 세월이 지나면 해결될 것이라고 흔히 위로하는 말로, 그래서 '세월이 약이겠지요.'라는 세속어가 유행하기도 한다. 이들이 치유되지 않고 머물게 되면 조그만 일에도 감정이 분출, 격앙되고 불안과 짜증이 유발되기 쉽다. 요즘 들어 짜증이 늘었다. 본의 아니게 엉킨 삶의 실타래를 미처 풀어내지 못하고 아직 미로에 머물러 있는 까닭일까? 아니면 유발된 문제를 더 심각하게 받아들이는 나의 소심한 성정 탓인지도 모르겠다. 그뿐인가. 세상일들이 때로는 추하게 눈에 비쳐 들어온다. 영혼에 때가 끼니 세상을 편견과 오해로 보는 것은 뻔한 일 아닌가.

나는 새로운 내 안의 변신을 소망한다.

뱀들은 허물 벗을 때가 되면 눈이 안개 낀 것처럼 뿌옇게 흐려져 늪으로 나간다. 몸을 말려야 허물이 잘 벗겨지기에 며칠 동안 물 한 모금 안 마시면서 몸에 물기를 없앤다.

카타리나가 키우는 가재가 허물을 벗어냈듯, 돌아오는 새해에는 나도 낡은 허물을 벗어내고 새롭고 사랑 어린, 긍정적 시각을 찾기 위해 피폐한 나의 영혼을 투명한 햇살 아래 서둘러 내놓아야 할까 보다.

(2020년 12월 16일 Top신문)

에덴의 동쪽

붉은 동백꽃이 만상을 밝히는 계절, 못다 핀 꽃 한 송이 땅에 떨어졌다.

시듦이 아니요, 바람이 불어서도 아닌, 스스로 낙화한 것이다.

얼마나 삶이 아프고 힘들었기에 사랑하는 가족을 멀리하고 그는 떠났을까?

그 길을 선택하기까지 얼마나 많은 번민과 갈등의 시간을 보냈을까?

부모 앞에 불효와 처자 앞에 무책임을 나무라기 전

고독했을 한 영혼이 시리게 마음에 다가온다.

자살 충동은 여러 가지 요인이 있겠으나 삶의 무의미함과 목적 없는 삶으로 표류하는 영혼에게 유발되기 쉬우며 고통으로 점철된 현 세상을 벗어나려는 생각 등이 원인이 되겠다. 마지막 순간까지 죽을까, 말까, 얼마나 망설였을까?

때로 자살문제로 상담받게 될 때 내담자가 희망의 실마리를 조금이라도 발견하도록 돕기에 노력한다. 병고와 끊지 못하는 도박의 구렁텅이에서 헤어날 길 없어 암흑을 헤매는 젊은이의 고민은 안타깝다. 희망과 목적이 없는 삶을 자신도 어쩌지 못해 어떻게 하면 좋겠느냐는 절망적인 말을 들을 때는 실로 난감하다.

그런 경우 단도박 모임이나 전문가에게 의뢰해야 하는데 본인이 응하지 않으면 그것도 어렵다. 이리저리 위로하고 이야기하다 보면 "제가 소중한 사람이라는 것을 깨달았어요. 다시 용기 내 살아볼래요. 이야기 들어주어서 고맙습니다."라는 말을 듣는다. 안도의 숨이 밀려온다.

자살을 하려는 사람은 시야가 좁아진 상태라 자신의 죽음만이 문제해결 방법이라고 굳게 믿고 있기에 이야기를 풀어내기가 쉽지 않다. 살고 싶지 않다는 사람에게 대체 어떤 말을 건네야 하

나. "그동안 얼마나 힘들었어요. 죽고 싶을 만큼 고단했지요?" 이렇게 대화를 시작하면 그들에게서 "제 마음을 알아주니 용기가 생겼어요."라는 답변을 받기도 한다. 살다 보면 어찌 좋은 생각, 좋은 일만 있을 것인가. 이렇게 살아 뭐하나 하는 마음에 포기하고 싶은 생각이 잘못된 생각이 아니고 그럴 수 있다고 다독이며 사는 의미를 찾을 수 있도록 조심스럽게 말문을 연다.

어느 날 밝은 대낮, 디오게네스의 행색을 한 어떤 미친 사내가 장터에 나타난다. 사내는 니체다. 그는 등불을 들고 장터에 나가 신의 죽음을 전한다. 신을 잃은 세계는 암흑의 세계, 그래서 그는 대낮인데도 불을 켜야 했다. 사내는 야유하는 장터 사람들에게 이렇게 외친다.

"대양으로부터 대지를 떼어낸 우리, 무엇을 할 것이지? 대지는 지금 어디로 향하고 있는 것이지? 우리는 지금 어디로 향하고 있고? 태양으로부터 떨어져 나가고 있는 지금, 우리 지금 추락하고 또 추락하고 있지 않은가?

뒤로, 옆으로, 앞으로, 사방팔방으로? 아직도 위가 있고 아래가 있는가? 우리 지금 광대무변한 공허 속에서 길을 잃은 채 헤매고 있지 않은가? 공허가 한숨을 내쉬고 있지 않은가? 한파가 몰아닥치고 있지 않은가? 더욱 깊은 밤이 오고 있지 않은가? 정오인 대낮인데도 등에 불을 켜야 하지 않는가?"(니체, 정동호 지음)

이것은 신의 죽음 뒤에 오는 허무적 상황으로 삶의 가치를 못 찾고 방황하는 현대인들이 깊이 생각해볼 문제라 생각한다. 이런 정황에서 우리는 새삼 나는 누구이며 왜 존재하는지 어떤 삶을 살아야 하는지. 어디서 와서 어디로 가는지 묻지만 그 대답을 찾기 어렵다.

여기 현세의 끝자락에서 마음 깊은 공허를 느끼며 우울에 빠진 현대인은 '에덴의 동쪽'으로 떠나려 하며 때로는 못다 핀 붉은 동백꽃 잎이 떨어지듯 아주 떠나기도 한다. 내 삶의 목표는 무엇인가. 삶의 가치관이 어디에 있는가. 깊은 생각으로 내면에서 울려오는 생각을 절대적 가치관으로 자신에게 무장시켜 놓으면, 우울의 골짜기로 떨어질 때 그 가치관으로 무장된 생각들을 붙잡고 다시 정상으로 올라갈 수 있지 않을까?

에덴의 동쪽은
저물어 가는구나
꽃잎을 잃고서 저물어 가는구나
낙원에 맺혔던 꽃송이
피지 못하고 지나니
슬퍼 말아라
마음과 마음속에
행복의 노래 부를 수 있으리라

'에덴의 동쪽'으로 사라진, 못다 핀 꽃 한 송이, 한 영혼의 평안을 노래 속에 기원해본다.

(2017년 10월 6일 Top신문)

차전놀이와 불의공국(不義攻國)

'2017 시드니 한민족축제'에 다녀왔다.

연일 내리던 비도 그치고 시드니의 푸른 하늘이 시리게 다가온다. 그 푸르른 가을 하늘 아래 세계적 관광지 달링하버 텀바롱 파크에서 한국 문화를 알리는 한민족축제가 열리다니! 가슴이 벅찼다. 한국에서 온 평택농악보존회의 역동적이고 신명 나는 농악에 연이어 차전놀이가 펼쳐졌다. 차전놀이는 농악과 함께 한 민족축제의 꽃이 아닌가.

푸른 잔디밭에서 동채를 올리고 여기여차! 힘을 겨루

는 모습에 동화된 나는 민속 고유의 놀이꾼 복장을 하고 깃발을 흔들며 동채 뒤를 따랐다.

차전놀이는 동채만으로 싸우는 것이 아니고, 동채를 메지 않은 장정들도 진을 치고 있다가 상대편에게 격렬한 몸싸움을 벌여서 동채가 앞으로 잘 진격할 수 있도록 도와준다. 나의 역할이 몸싸움을 하는 장정이겠는데 오늘의 나는 깃발을 들고 그 이미지만 보여준다.

차전놀이에 관심을 갖게 된 나는 그 유래를 문서에서 찾아본다. 무형문화재 제24호인 차전놀이는 민속놀이의 하나로 '동채'라는 기구를 만들어 양편으로 갈라져 서로 밀어붙여 승패를 겨루는 경기다. 후삼국 말기에 고려의 태조 왕건과 후백제의 견훤이 싸운 고사에서 유래한다. 후삼국 통일에 결정적인 공을 세운 고려인들의 자부심과 함께 역사적 사건과 연관시킴으로써 전쟁에서 이긴 당위성을 확보하려는 의도가 담겨 있다는 내용을 알게 됐다.

'전쟁 승리의 당위성을 확보하려는 의도'라는 문장에서 덜커덕 읽는 맥이 끊겼다. 후백제를 정복한 고려 입장에서의 차전놀이가 정복을 당한 후백제의 입장에서는 어떻게 비쳐질까.

역사적으로 거슬러 올라가 보면 유럽인들이 총칼을 앞세우고 아메리카, 아프리카, 오스트렐리아, 뉴질랜드 등에 들어가 많은 원주민들을 죽였다. 그뿐 아니라 병원균에 노출 안 된 그들에게 질병을 옮겨 수많은 원주민들이 죽고 정복자들은 땅을 점령하여 잘 살고 있다. 한편 그나마 살아남은 원주민들은 현대인과 물질문명에 밀려 차츰 소멸되어 가고 있는 실정이다. 유럽인들의 승리고가 거주지를 빼앗긴 원주민들에게는 사멸로 내달음치는, 원통한 슬픔고가 되는 것이다. 무고하게 죽음으로 밀리고 땅을 빼앗긴 원주민들을 생각하는 마음이 무겁다.

차전놀이의 유래는 묵자(墨子)의 한 이야기를 떠오르게 한다.묵자(墨子)의 『비공편』에는 불의공국(不義攻國)이라는 말이 나온다.

> 어떤 한 사람을 죽이면 의롭지 못하다고 하며 반드시 한 사람을 죽인 죄가 있으며 열 명을 죽이면 열 배로 의롭지 못하고 반드시 열 명을 죽인 죄가 있다 하고 백 사람을 죽이면 백배로…. 그런데 지금 다른 나라를 공격하는 의롭지 못한 행위에 대해서는 비난받아야 된다는 것을 모르고 오히려 그것을 따르며 찬양한다. 그리고 오히려 그 말을 책으로 기록해서 남긴다. 만약 그것이 의롭지 못하다는 것을 알고 있다고 해도 그 무슨 말로 의롭지 못하다는 것을 글

로 써서 후세에 전할 것인가?

역사는 승자의 입장에서 기록된다는 모순과 비판을 언급하는 대목이다.

묵자는 '도적들은 남의 집안은 생각 않고 그의 집안만을 사랑하기 때문에, 다른 집안의 물건을 훔치어 자기 집안을 이롭게 한다. 마찬가지로 국가관계도 내 나라만 생각하고 남의 나라는 생각하지 않은 데서 남의 나라를 공격하고 전쟁을 일으키는 것이다.'라고 피력한다.

고려가 삼국통일이라는 명분을 갖고 후백제를 쳐서 많은 사람이 죽고 상해를 입고 나라를 빼앗긴 것이나 유럽인들이 원주민들을 죽이거나 내쫓고 나라를 점령한 이러한 상황들을 하늘은 어떻게 평가해 줄 것인지. 정의를 알고 불의를 싫어하는 하늘의 뜻을 어떻게 적용시켜야 하나? 의구심을 떨쳐버릴 수 없는 것은 인간이 어떻게 행동하느냐에 따라 하늘에서 상이나 벌을 준다는 권선징악에만 내가 지나치게 사로잡힌 탓일까?

오늘날 차전놀이는 민족 고유의 문화로 자리매김을 하고 화합을 이루는 놀이로 계승되어 오늘 시드니의 하늘 아래에서 교민들의 화합 속에 한민족축제의 꽃을 피웠다. 싸움에서 승자와 패자는 있기 마련이다. 역사는 승자에 의해 이루어지고 그 승자의 정신을 계승하여 역사의 수레바퀴는 계속 굴러가고 있음을 차전놀이에서 본다. 시리도록 푸르던 시드니의 하늘에 음울한 회색빛이 서서히 감돈다. 한바탕 비라도 내리려나?

*묵자(墨子): 기원전 480~390년 사람.
묵자의 겸애설(兼愛說)은 아무 조건 없이 모두를 사랑하라는 것이다.
피아의 구별 없는 '겸애'를 주창하였다.

(2017년 5월 20일 Top 신문)

봄 정원에서

아젤리아 만발한 기운에
눈뜬 꽃씨 정원으로 나간다
겨울을 밀어내며

푸르른 싹들의 신비
틈새 비집고
잡초도 얼굴 내밀어

잡초를 뽑고 흙을 고른다
낮잠 자던 풀벌레
흙으로 숨어들고

지난해

꽃 피웠던 자리에
꽃씨 누웠다

흙은 싹을 틔우고
빛은 꽃망울을 터트리겠지

한 계절이 가면 오고
떠나면 다시 태어나는
대자연의 숨결
봄 정원에 울려 퍼진다

(2017년 12월 28일 Top 신문)

코로나 단상

아침 일찍 울워스(Woolworth)에 다녀왔다. 신종 코로나 확진자가 호주에서도 확산됨에 따라 '생필품 사재기' 현상이 이어지는 실정을 감안해 오전 7시부터 8시까지 울워스에서 시니어(Senier)를 우선한다는 뉴스를 들었던 것이다.

남편이 스페셜 닥터 진료가 있어 맥콰리 팍에 위치한 병원을 향했었다. 행인의 모습이 드물고 버스와 전철도 빈자리가 많고, 어쩌다 마주치는 승객들은 마스크를 착용하고 있어 안개같이 퍼지는 음산한 기운이 공포영화의 한 장면을 연상케 했다. 진료를 끝내고 나온 김에 쇼핑을 하고자 들른 마켓의 일부 선반은 텅텅 비어 있어 원하는 품목을 구매하지 못했던 차에 시니어를 우대한다는 뉴스를 듣고 일찍 떠난 발걸음이다.

2미터 간격을 두고 줄을 서서 한 사람씩 입장했다. 화장지에 집중적으로 수요가 몰리면서 매스컴에는 '화장지 쟁취싸움' 사진까지 뜨고 있다, 코로나 사태가 장기화되면 집에서 못 나오게 되는 경우에 대비한다나? 그 가능성에 대한 공포감 때문이란다. 늘 사다 먹던 쌀은 보이지 않아 밥을 해 놓으면 끈기가 없어 밥알이 풀풀 날리는 안남미 쌀 5kg짜리(선반엔 쌀 3포대가 있었음) 한 포대와 배급하는 한 팩의 휴지를 사 들고 나오니 든든하고 다소 안도감이 들었으니. 참!

코로나바이러스 사태가 앞으로 얼마나 더 확산될지. 세계보건기구(WHO)가 세계 최고단계인 범 유행병으로 선언함에 따라 각 나라는 자국의 보호와 안전을 위해 국경봉쇄를 단행하였다. 호주도 예외는 아닌 가운데, 사회적 거리 2미터를 유지할 것을 강조하며 밖의 출입을 자제할 것을 권고 하고 있다.

집에 묶여 그간 밀린 책 읽기와 정원 일로 소일하던 중 오래 전에 읽었던, 알베르 카뮈의 소설 『페스트』(La Peste·1947)가 떠올랐다. 페스트의 창궐로 봉쇄된 도시의 실상을 생생하게 그려낸 이색적 소설이다. 14세기 몽골군의 서방 원정 때 함께 이동한 쥐들에 의해 전염됐다는 페스트는 유럽을 최대 위기로 몰아넣었었다. 당시 유럽 인구의 3분의 1을 넘어 거의 절반이 사망했다는 기록이다.

페스트는 천연두·인플루엔자와 함께 역사에서 가장 많은 사람의 목숨을 앗아간 인류의 3대 질병으로 꼽힌다. 기억을 애써 더듬으며 책을 펴 들었다.

소설의 무대는 인구 20만의 오랑시(市). 순식간에 페스트는 확산되고 따라서 비상사태가 선포되고 도시는 봉쇄된다. 지금의 신종 코로나 사태와 유사했다. 오랑의 거리가 죽은 쥐떼들로 넘칠 때 환자나 돌보는 가족, 의사, 보건당국자의 활약이 지금의 코로나 사태와 흡사하다.

작가는 고립된 도시 속에서 각자의 방식으로 질병에 대응하는 다양한 인간 군상, 특히 재앙에 맞서 당당하게 온몸으로 투쟁하는 사람들의 모습을 그리고 있다. 그 절망 중에도 포기하지 않고 희망의 의지를 담아내어 당시 2차 세계대전 중이라 정서적 공황 상태에 빠져 있던 많은 사람들에게서 큰 공감을 얻어냈다고 한다.

이 위기가 언제쯤 끝이 날까? 얼마나 아프고 더 아파야 끝이 나는 것일까?

위기 앞에서 일상의 소소한 즐거움이 얼마나 축복이었던가를 생각하게 한다.

모두 한마음 한뜻이 되어 예방 규칙을 잘 지켜 코로나가 빨리 퇴보, 종식될 수 있기를 기구한다. 페스트 사건 때도 수많은 인구의 희생이 있었지만 인류는 살아남아 발전을 이루지 않았는가. 따뜻한 위로와 격려와 보살핌 속에 코로나도 물러나고 평범한 일상이 하루빨리 돌아오기를….

소설처럼 절망 속에서도 희망을 찾아 힘을 합치다 보면 언젠가는 역병도 물러갈 것이며 우리는 언제 그랬냐는 듯 다시 예전 모습으로 돌아가고 코로나도 옛이야기가 되겠지.

신종 코로나는 실제로 무엇을 가르치는가?

빌 게이츠의 메시지를 요약해서 전한다. 문화, 종교 등 인간의 조건에 관계없이 모두 연결되어 한 사람에게 미치는 영향이 다른 사람에게도 미친다는 것. 진정으로 해야 할 일은 서로를 보살

피고 아픈 사람을 보호하고 서로에게 이로움이 되는 것. 인간이 아무리 훌륭해도 바이러스는 세상을 정지시킬 수 있다는 것. 이로 인해 공황 상태가 되면 세상의 종말이 올 수도 있다는 것. 마지막으로 메시지는 이렇게 마무리하고 있다. 이런 재앙은 주기적일 수도 있다는 것. 그로부터 교훈을 얻을 것인지는 인간에게 달려 있으며 이 환란 또한 지나갈 수 있을 것이라는 것.

(2020년 5월 27일 Top 신문)

인생은 흔적을 남깁니다

컴퓨터 앞에 앉으면 탁상 위의 사진이 나를 마주한다. 한 사진틀에 넣은 3개의 사진이다. 사진 속의 벗들과는 한 동네에서 중고등학교 시절을 같이 보냈다.

맨 위 장은 학교 뺏지를 가슴에 달고 하얀 칼라에 감색 교복을 단정히 입은 단발머리의 여고시절, 가운데 장은 고등학교 졸업 후 하얀 눈이 펑펑 내리는 소양강 강변에서, 마지막 황혼으로 접어들며 고국 방문 길에 찍은 노년으로 물든 모습이다. 변해가는 모습을 사진을 통해 바라보며 세월의 흔적을 읽는다.

세월의 흐름을 어찌 막으랴.

우리 일행 5명은 잠실에서 만나 한 차에 동승하여 서울을 벗어났다. 유유히 흐르는 북한강과 아기자기한 산을 양옆으로 낀 경춘가도의 절경은 사계절 가리지 않고 아름답다. 푸르른 신록을 자랑하는 여름, 가을이면 타는 듯 붉은 단풍으로, 겨울이면 백설로 단장한다. 춘천은 호반을 낀 아름다운 도시다. 지금은 소양댐 건설로 강심이 깊어졌지만 자갈들을 말갛게 비추며 돌돌 구르던 소양강 강변을 거닐며 우리는 유년시절의 꿈을 키웠었다.

사계절의 변화를 보여주던 봉의산은 우뚝 선 고층 아파트에 반은 가려버렸다. 목백합이 지켜주던 학교 교정은 옛보다 좁아 보였고 살던 동네는 들어선 높은 건물이 천지 분간을 어렵게 했다. 그리워 찾았으나 이젠 낯선 거리가 홍난파의 가곡을 떠오르게 한다.

내 놀던 옛 동산에 오늘 와 다시 서니
산천 의구란 말 옛 시인의 허사로고
예 섰던 그 큰 소나무 베어지고 없구려

소양댐을 찾은 길목엔 카메라를 목에 건 직업 사진사가 길손을 기다리고 있었다. 학창시절 합창부에서 활동한 우리는 언제나 어디서나 노래 부르기를 좋아했다. 겨울엔 따뜻한 아랫목에서 한 이불에 다리를 모으고, 소풍 갔다 돌아오는 길엔 남은 김밥을 먹으며 소양강 강변에서, 남한산성을 찾던 길엔 차 안에서….

아~ 옛날이여! 감정을 살려 보나 이젠 음색이 낮고 탁해졌다. 어디에서 사진을 찍을까 망설이는 우리를 소양댐을 뒤로 한 긴 의자에 앉혀 놓고 사진사는 셔터를 눌렀다. 탁상 위의 사진은 그 때의 흔적이다.

벗들과 인연을 맺은 지도 어언 60여 년 세월을 헤아린다. 어찌 좋은 일만 있었을까. 앞날에 대해 불안감을 토로하던 K는 사업자금으로 친구들에게 돈을 빌렸으나 빚잔치로 날려 한때 서로를 소원케 했었다.

이젠 노년이라는 공통의 색깔로 채색되어 벗들 각자가 지닌 원색의 채도가 부드러워졌다. 한때 어색했던 마음도 지우고 서로 껴안으며 편안해진 서로의 모습에서 인생이 익어 가는 겸손함과 감사함을 느낀다.

인생도 자연섭리와 마찬가지라. 봄에는 희망의 계절로 싹과 잎이 돋는다. 여름은 희망찬 계절로 잎이 푸르러지고 꽃 피우는 절정을 누리다가 단풍이 들고, 열매를 맺고 겨울 맞을 준비를 한다.

봄, 여름이라는 인생의 두 계절을 보낸 벗들과의 대화는 나를 벗어나 이젠 며느리, 사위 얘기에 손자, 손녀 자랑하기 바쁘다.

40대는 미모의 평준화, 50대는 지성의 평준화, 60대는 물질의 평준화, 70대는 정신의 평준화, 80대는 목숨의 평준화가 이루어진다는 말을 들었다. 이는 많이 가진 사람의 즐거움이 적게 가진 사람의 기쁨에 못 미치고 많이 아는 사람의 만족이 못 배운 사람의 감사에 못 미치기도 하여, 이렇게 저렇게 빼고 더하다 보면 마지막 계산은 비슷하게 되는 것이다. 모두가 닮아 간다는 말이 벗들과 나의 모습에서 상기된다.

돌아오는 길, 강촌 강가에 있는 카페에 들렀다. 카페의 창을 통해 보이는 깊고 푸른 강엔 이쪽과 건너편을 이어주는 다리가 놓여 있었다. 다리 기둥에는 '하얀 종이 울리면 사랑이 시작됩니다.'라는 글귀가 적혀 있다. 글귀 옆에 매달려 있는 희고 커다란 종을 보는 순간 나는 '댕~댕~!' 마음에 울려오는 종소리를 듣는다.

'여생을 누구든 사랑으로 감싸며 성실하게 살라고.' 세월이 축약된, 탁상 위의 사진이 나를 바라보며 들려주는 말은 '인생은 흔적을 남깁니다.'

(2020년 12월 9일 Top신문)

자카란다 축제에 다녀와서

호주의 봄소식이 그라프톤(Grafton)으로부터 날아왔다. 자카란다(jacaranda) 축제라니! 보랏빛이 얼마나 천지를 아름답게 물들이기에 축제까지 열까? 아련한 환상 속에 그리워만 하던 그라프톤을 향했다. 기차 여행이 주는 쾌적함과 낯선 곳을 찾아가는 설레임을 안고 차창 밖으로 펼쳐지는 풍경에 젖어 아홉여 시간을 달렸다.

19세기 말 수백 그루의 자카란다 나무가 심어진 그라프톤은 자카란다 시즌이 되면 자카란다 축제가 열린다. 금년이 85회째로 역사 깊은 행사로 손꼽힌다. 도착하여 실제로 마주한 시가지는 환상을 빗겨나 있었으나 깊이 들어가 본 마을 곳곳은 보랏빛으로 웅성거리고 있었다. 꽃뿐 아니라 옷, 상품, 거리의 화분도 보랏빛으로 단장했다. 보라색으로 장식된 가게에서는 보라색 옷을 팔고 다양한 행사에 봉사하는 요원들도 보라색 티셔츠를 입고 있다. 관광객을 안내하는 셔틀버스 앞자락에도 보라색 망사로 장식을 했다. 운전기사가 보라색 티셔츠를 입었음은 물론이다.

그타프톤은 면적 42,27제곱킬로미터에 인구 18,689(2015년 추계)명의 작은 도시다. 사탕수수, 과일, 옥수수, 낙농 제품, 채소, 귤, 참 새우를 생산하고 있으며 산업으로는 육류 및 낙농 제품 가공업과 양조업 광업(석탄, 석면, 석회)이 있다.

한 밤을 자고 이른 아침, 유유히 흐르는 클레어런스(Clarence) 강을 끼고 있는 메모리알 팍을 찾았다. 그곳에는 베트남 참전비도 세워져 있었다. 'Lest We Forget'(잊지 않겠다)이라는 문구와 함께 동판에는 수많은 희생자의 이름이 찍혀 있다. 호주는 한국의 6·25 전쟁 때에 1700여 명이 참전하여 339명이 전사했다고 한다. 그 339명 중, 이곳 그라프톤에서 17명이 전사했다니 세계 평화를 위해 이곳에서도 이바지한 희생자가 있었던 것이다.

메인 스트릿트 팍 앞에서 축제의 오프닝 기념행렬이 지나간다기에 거리를 지켰다. 밴드행진이 눈앞에서 펼쳐진다. 사람들이 제각각의 고유 치장을 하고 행렬에 가담했으며 학생들도 행진에 참여했다. 그라프톤 전역에서 참여한 듯하다.

셔틀버스를 타고 시내 관광을 하였다. 승차료는 받지 않았으나 출입문 입구에 놓인, 보랏빛 동전통에 골드 코인(Gold Coin)을 넣었다. 도네이션 차원으로 운행되고 있었다. 눈부신 보랏빛 자카란다 가로수 길을 지나니 책 『어린 왕자』에 등장하는 바오밥나무가 한가한 주택 길에서 반긴다. 이곳에서 바오밥나무를 만나다니! 뜻밖에 무척 신기했다. 물이 부족한 척박한 환경에서 물을 많이 저장하려고 배가 불뚝 나온다는 바오밥(Boabab)나무. 앙투안드 생텍쥐페리가 쓴 책 『어린왕자』로 들어가 보면 주인공 어린 왕자는 마음속의 바오밥나무를 발견하면, 빨리 이를 뿌리 뽑아야 한다고 말한다. 그 씨앗에는 공포, 불안, 기만, 분노가 담겨있기 때문이다. 그런 나무가 너무 커질까봐 어린 왕자는 매일 아침 작은 행성에서 거대한 바오밥나무의 씨앗을 제거했다. 그들이 크게 자라 행성을 파괴하기 전에 뿌리째 제거해야 했던 것이다. 어린 왕자는 장미 같은 좋은 씨앗들은 잘 보살펴 주었다. 이 미묘한 은유가 보랏빛 꽃 속에 살아났다가 곧 사라진다.

저녁 선들바람에 심신을 맡기고 찾아든 곳은 쥬니어 자카란다 퀸 선발장소였다. 개최 장소인 팍엔 기념품 판매와 푸드 스톨이 설치되어 있고 많은 사람들이 모여들어 축제 분위기로 들떠 있었다. 마침 2018년도 자카란다 퀸이 지나가 같이 기념 촬영을 하는 행운을 누리기도 했다. 서막으로 호주인들이 에버리진의 분장을 하고 에버리진의 음률에 맞추어 춤을 추는 장면을 감상했다. 마더랜드(Mother Land)로 표현되는, 땅에 대한 경외심과 영적 믿음을 가진 에버리진들은 토템적 영혼을 가진 조상들이 땅에서 솟구쳐 계곡과 산, 강물을 만들었으며 더불어 동식물의 형상으로 노래와 몸짓을 문자를 통해 나타난다는 드리밍시대(Dreaming Time)의 신앙을 토대로 한 종교적 신념을 가지고 있다. 그리고 그것을 풍요롭고 다양한 문화와 예술적 표현으로 승화시킨다. 오늘의 행사장에서는 호주인들이 에버리진 분장을 하고 이를 춤으로 표현하며 에버리진들의 종교적 신념과 조상 신화, 그리고 제례의식을 다소 전해 주었다.

퀸은 예뻐야 한다는 우리의 상식을 벗어나 있었다. 좀 뚱뚱한

주니어가 2019년 퀸으로 선발되었다. 아마도 덕성, 인성, 학교 성적, 능력 등을 기준하지 않았나 추측을 해보았다. 후속으로 행사된 호주인들의 댄스는 흥겨웠다. 음악에 맞추어 흥겨운 놀이에 빠져들어 나도 뛰어들까 하는 것은 기분뿐 용기는 없었다.

이렇듯 지구촌 조그마한 귀퉁이에서 세계 평화를 위해 타국의 전쟁에도 참여하고 때가 되면 자카란다 축제를 열어 세상과 같이 호흡하며 그라프톤의 사람들도 삶을 엮어가고 있었다. 여행을 통해 보랏빛에 물들어 왔으니 이제 그 보랏빛의 정기를 이웃에 반영할 차례가 아닌가.

(2019년 12월 19일 시드니 저녁)

푸트니 팍 소묘

적막하고 쓸쓸할 바닷가
피크닉 나온 초등학생들로 화사하다
알록달록 옷 색깔
'까르르!' 하늘에 솟는 생기

그늘에 앉아 있던 우리는
한쪽 신발을 벗어 던지는 시합을 했다
생각과는 달리
하늘을 오르다 가까운 곳에 툭 떨어진 나의 신발
생각에 잘못된 조준은 없었는지
옳다고 행동하지만 빗나가지는 않았는지
나동그라진 신발 한쪽과 같이
누군가에게 무심 무례하게 보인 적은 없었던가

싱그럽게 피어나는 아이들
생의 겨울 문턱에서 서성이는 나

빛나는 작은 풀꽃
저들도 씨앗을 맺고 또 새로운 풀꽃으로 피어날 것이다
자연 질서의 숭고함과 아름다움이
슬픔 되어 심연에 흐르는 강물

하늘 땅 바다가 품 안에 드는 이 자리에서
한 생을 생각하고
일탈을 꿈꾸기도 하며
창조주께 의탁해본다

(2019년 5월 24일 시드니 저녁)

우울과 권태를 넘어

변함없이 흘러가는 일상의 안이함에 안주 못하고 우울과 권태로움이 밀려올 때면 나는 그 속에 빠져들세라 정신을 파랗게 곤두세운다. 그리고 스마트폰을 잡는다. 수족은 느려지고 감각은 무디나 이를 추구하며 받는 기쁨으로 우울과 권태의 고지를 넘어가려 한다.

추구란 틈틈이 써 모은 나의 글을 낭송과 함께 동영상을 만드는 일이다.

한 편의 시나 글을 대하며 받는 서정, 아련한 기억을 불러일으키는 향수, 잊고 있다가 우연히 다시 마주치게 된 어느 시의 한 구절, 옛 추억을 상기시키는 음악을 만나면 즉흥적으로 작업에 몰두하기도 하지만 문우들의 작품에 손을 댈 때면 본문에 맞는 영상과 음악을 자나깨나 마음속에 키우다가 출산하기도 한다.

이는 인간 사회 속에 몸담아 받는 심리적 갈등의 해소 방법으로도 참 좋은 것 같다. 언젠가 지인으로부터 들은 이야기다.

"글무늬문학사랑회에서는 남자 회원들한테는 돈을 준다면서요?"

아니 이럴 수가? 어처구니없는 생각을 비우지 못하고 마음속에 담고 있던 나는 타 문학회 회원들과의 만남에서 변명 삼아 그 이야기를 화제에 올렸다.

동석한 한 문인이 "글무늬문학사랑회에서는 남자 회원들에게는 회비를 받지 않는다는 말을 들었어요." 한다. 이럴 때 성인군자가 아니고서야 마음의 평정을 유지하기 어렵다. 그렇다고 이 사람 저 사람 붙잡고 그런 게 아니라고 하소연을 할 수도 없는 노릇. 이런 류의 응어리가 마음을 짓누르다가 용트림 칠 때 동영상 한 편을 어설프게라도 탄생시키면 속 좁아 언짢던 마음이 뻥 뚫리는 듯하고 낭설로 쌓인 긴장이 다소 해소된다. 잡다한 인생사로 파생되는 근심 걱정을 잊게도 된다. 안정감이 회복된다고나 할까?

조선 후기 소설, 철학, 천문학, 병학, 농학 등 광범위한 영역에서 활동한 학자 연암 박지원은 젊은 날의 우울증을 해학적인 본인의 이야기와 재치 있는 이야기꾼들을 통해 치유했다고 한다. 청년기에도 우울증은 더더욱 심화되었었다고 하는데….

그는 중년 이후 세상일로 마음이 재처럼 되어 골계(滑稽)*를 일삼으며 은둔생활에 뜻이 있었으나, 말세의 풍속이 걷잡을 수 없는 중 사람을 대하게 되면 우언(愚言)과 우스갯소리로 둘러대고 임기응변을 했다고 한다.

인생은 내 의지나 의도로 지배할 수 있는 게 아니잖은가. 그는 세상이 자신을 알아주지 않음을 비분강개하거나 뜻대로 되지 않는 근본적 우울을, 또한 세상에 대한 불평과 음울한 심사를 익살을 부리는 가운데 유머(우스갯소리)로 드러내고 우울을 견뎌낸 것이다. 이와는 반대로 우울과 권태를 못 이겨 쾌락과 유미에 몰두한다면 그 끝은 어디일까? 허무와 환멸이 아닐까?

연암이 드러낸 우언과 유머를, 우울과 권태의 고지를 미약하게 나마 넘기려는 나의 방법과 같은 선상에 올려놓아도 좋을 것인지.

라일락 향기가 퍼져오는 청명한 아침을 가르고 카톡이 날아들었다. 한 문우가 자신이 쓴 시 한 편을 보내오며 그것으로 동영상 제작을 할 수 있느냐는 타진이었다. 단조로운 생활 리듬을 상큼하게 바꿀 수 있는 순간이다.

시 내용에 맞추어 영상과 음악을 고르고 동영상 제작에 들어가 한 편을 완성했다. 판소리꾼이 창을 할 때, 흥을 돋우기 위해 고수가 장단을 치면서 '좋다' '좋지' '얼씨구' 추임새를 넣는다. 제작된 이 영상은 어쩌면 지루했을 나의 하루에 끼어든 추임새인지도 모르겠다.

"얼씨구, 좋다!"

그간 미흡한 제 동영상을 감상해 주신 여러분께 감사드립니다.

*골계(滑稽): 술 마시는 도구의 이름으로 이 물건은 신기하게도 온종일 술을 따라도 술이 멈추지 않았다고 한다. 이를 빗대어, 내뱉는 말이 멈출지 모르는 말재주를 일컫기도 한다.

(2020년 3월 26일 시드니 저널)

음악으로

토요일 아침 볼 일이 있어 시내에 나가는 길이었다. 종종걸음으로 이스트우드역을 향하는데 어디선가 '데니 보이(Danny boy)' 선율이 울려왔다. 순간 유년 시절의 감성이 솟구치며 그에 이끌린 나는 음악이 흘러나오는 쪽으로 발걸음을 옮겼다.

이스트우드 쇼핑센터 앞 등나무 푸른 터널 아래에서 자원봉사자들로 이루어진, 라이드 카운슬에 소속된 밴드음악대의 연주였다. 연주자는 모두 중년을 넘긴 모습들로 그중에는 턱수염이 성성한 백발의 노인도 보였다. 듬성듬성 놓여 있는 의자에 군중들이 앉아 있고 둥근 탁자에는 앞 카페에서 주문한 커피잔이 놓여 있다.

검정개가 아이스크림과 물을 주인과 나누어 먹는 모습도 보였다. 등나무 그늘 아래에는 밖의 무더운 날씨와는 달리 선들바람이 지나고 있었다.

연주자들이나 관객들, 모두 더없이 평화스러운 모습이다.

아 목동들의 피리 소리들은/ 산골짝마다 울려 나오고
여름은 가고 꽃은 떨어지니/ 너도 가고 또 나도 가야지

'나도 가야지~' 울려오는 선율을 타고 마음여행도 잠시, '데니 보이'가 끝나자 음악은 곧바로 '뷰티풀 드리머(Beautiful dreamer)'로 이어진다. 연주가 끝나자 청중들은 박수로 감사를 표했다. 타려던 전철은 이미 떠났다.

오늘 써클라 키 선착장에서 그날에 쳤던 박수를 다시 만났다.

'부릉부릉' 규칙적인 선율이 오페라하우스가 바다에 떠있는 듯 보이는 서클라 키(Circular Quey)의 부두를 흔든다. 호주 원주민인 에버리진이 웃통을 벌거벗은 검은 몸에 그들 특유의 분장을 하고 악기 디쥬리드를 뱀 모형의 마이크에 대고 있다. 1.5미터 길이의 통나무 속을 비워내고 오로지 연주하는 사람의 호흡에 따라 여러 가지 소리가 나는 디쥬리드. 자연과 함께 살았으나 지금은 문명과 지배자에 밀려 지정된 보호구역에서 격리된 삶을

살아야 하는 에버리진의 한이 긴 디쥬리드를 타고 흐르는 듯 보였다. 무표정한 모습으로 지나던 사람들이 하나둘씩 모여들었다. 지금은 CD를 판매하기 위한 한 방편일지나 음악에서 생명의 약동이 느껴졌다. 문자를 갖고 있지 않은 에버리진은 그들의 창조 신화나 전통, 사상 그리고 살아가는 이야기 등을 그림이나 음악을 통해 상징한다.

조상들은 어떻게 삶을 풍요롭게 하는지 가르쳐 주고 땅으로 돌아가며, 그 땅은 계속 땅 위에 사는 사람의 삶을 기억하여 영향을 주며 성장시킨다고 생각한다.

그들은 이것을 드리밍(Dreamings)이라 하는데, 오늘을 살아가는 에버리진들은 그 보답으로 다양한 의식을 통해 '꿈의 시대(Dreamtime)' 스토리를 다음 세대에 전한다고 한다. '부릉부릉' 영혼을 흔들고 선착장을 뒤흔드는 디쥬리드 연주가 끝나자 군중들은 박수로 감사를 표했다.

문득 오래전에 보았던 영화 「쇼생크 탈출」에서 감옥에 울려 퍼지던 모차르트의 선율이 떠오른다. 주인공 앤드는 부인을 살해했다는 억울한 누명을 쓰고 교도소 '쇼생크'에 들어간다. 교도소가 얼마나 인간을 황폐화시키는가. 그러나 앤디는 그러한 절망적 공간을 희망적 공간으로 바꾸려는 노력의 일환으로 모차르트의 「피카로의 결혼」 중 여성 이중창 아리아 '저녁 바람이 부드럽게'를 큰 스피커를 통해 감옥 곳곳에 울려 퍼지게 틀어 놓는다. 그때 선율의 아름다움에 모자를 벗어 경의와 감동을 표하던 배우 모간 프리먼의 모습이 그날 등나무 터널에서, 오늘 서클라키 선착장에서 연주가 끝난 후 감사의 답례로 박수를 쳐주던 관객들의 모습 속에 살아난다.

또 책에서 만난 아우스비츠 수용소가 떠오른다. 나치 독일이 유대인을 강제 노동 및 대량 학살을 하기 위하여 만들었던 강제 수용소인데 여러 참상이 끊이지 않던 곳이다. 그곳에서 죄수들이 난동을 부릴 때면 캠프 오케스트라가 행진곡을 연주하여 그 당시 죄수들을 자연스럽게 진압시켰다고 한다. 음악으로 자유로워진 죄수들은 순간 유순해졌다고 할까?

사람과 사람 사이의 마음을 활짝 열어주는 음악은 불안한 마음, 황폐해진 마음을 안정시키고 활기를 넣어주며 때론 꿈을 갖게도 한다. 또한 어려움을 이겨낼 원동력이 되어주고 죽음의 위기에서도 삶에 대한 희망을 갖게도 한다.

가난한 내 영혼도 음악으로 위안을 받고 꿈을 꾸고 따뜻해지고 풍성해지고 평안을 얻고….

가만가만 내리는 봄비가 대지를 적시고 있다. 이 같은 날엔 비발디의 「사계」 중 봄을 빗소리에 담아 감상하며 잊혀 가려는 그리움에 젖어 볼까나?

(2019년 9월 4일 Top신문)

최옥자 수필집

나의 사과나무

2021년 4월 5일 초판 인쇄
2021년 4월 10일 초판 발행

지은이 / 최옥자
발행인 / 강병욱

발행처 / 도서출판 교음사
편 집 / 隨筆文學社 出版部

03147 서울 종로구 삼일대로 457 수운회관 1308호
Tel (02) 737-7081, 739-7879(Fax)
e-mail : gyoeum@daum.net

등록 / 제2007-000052호

* 잘못된 책은 바꿔 드립니다. 값 12,000원

ISBN 978-89-7814-819-1 03810